한글판 STB 상생방송 「환단고기」 북콘서트

한민족 창세역사의 성지 강화도를 가다

강화도편

STB상생방송 환단고기 북 콘서트 [강화도편]

한민족 창세역사의 성지, 강화도를 가다

발행일　2021년 8월 14일 초판 1쇄
저　자　안경전
발행처　상생출판
발행인　안경전
주　소　대전 중구 선화서로 29번길 36(선화동)
전　화　070-8644-3156
F A X　0303-0799-1735
홈페이지　www.sangsaengbooks.co.kr
출판등록　2005년 3월 11일(제175호)
ISBN　979-11-91329-14-8
　　　　979-11-91329-13-1 (세트)

역대 단군 존영은 김산호 화백의 『한국 105천황 존영집』에서 인용하였습니다.

한글판 STB 상생방송 『환단고기』 북콘서트 강화도편

한민족 창세역사의 성지 강화도를 가다

안경전 지음

대우주의 통치자 하느님이신 삼신상제님께
천제를 올리던 동방 한민족
제천문화의 성지!

상생출판

2015년 9월 13일 (일요일) 강화문예회관에서 진행한
〈환단고기 북 콘서트〉 현장

STB 상생방송에서 절찬리에 방영 중인
〈환단고기 북 콘서트〉'강화도 편'을 책자로
엮었습니다. 방송 내용을 책으로 엮으면서
일부 내용을 첨삭하였습니다.

환국, 배달의 종통을 이어받은 단군조선은 2,096년 동안 마흔
일곱 분의 단군께서 통치하였으며, 크고 작은 70여 제후국을 거
느린 동북아 문명의 종주였습니다. 이번 강화도 콘서트에서는
첫째, 역사 왜곡과 조작 말살의 주제인 삼조선 문제를 살펴보고,
둘째, 동방 천자 나라 단군조선의 역대 단군님들의 치적을 알아
볼 것입니다. 그리고 단군조선 문화정신의 핵심인 대한大韓을 통
해서 한민족 미래 역사의 비전을 제시해 줄 것입니다. 그리고 무

엇보다 단군조선의 은혜로 중국의 고대 왕조(요·순·우임금)가 9년 대홍수의 치수에 성공한 놀라운 사실을 알게 될 것입니다.

한민족 상고 역사의 지붕 없는 박물관이자 근대 개항의 중심지 강화도! 이곳에서 위대한 역사복원의 대장정 〈『환단고기』 북콘서트〉가 여러분을 찾아갑니다.

주제 단군조선,
한민족 창세역사의
성지 강화도를 가다

일자 단기 4348년,
서기 2015년 9월 13일
(일요일)

장소 강화문예회관

주최 사)대한사랑,
세계환단학회

후원 STB상생방송,
상생문화연구소,
상생출판

역주자 **안 경 전**安耕田

인류의 가장 큰 희망인 개벽문화를 선도하고 상생의 새 세계를 열기 위해 혼신의 힘을 기울이는 역주자는, 21세기의 중심 화두를 개벽과 상생에 두고 앞으로 열리는 가을철 후천 영성문화의 참모습을 전하는 저술과 강연활동으로 이 땅의 모든 사람들에게 참된 성공과 행복의 길을 열어주고 있다.

　특히 역주자는 지난 40여 년간 각고의 노력으로 인류 시원문명의 원전이자 한민족 신교문화의 경전인 『환단고기』 역주본을 출간하고, 전국 대도시와 세계 주요 도시를 순회하며 우리의 국통맥을 바로잡는 〈『환단고기』 북 콘서트〉를 통해 민족의 자긍심을 드높이고 있다.

　환국, 배달, 조선 이래 민족의 모태종교인 신교神敎의 맥을 이은 증산도 진리의 대중화와 세계화를 위해 1998년 증산도 상생문화연구소를 개설하였고, 2007년 한韓문화 중심채널인 STB상생방송을 개국하여 민족문화 창달에 힘쓰고 있다.

한민족 시원 역사의 성지 강화도, 백두산과 한라산 사이 한반
도의 중심부에 자리한 신성한 땅, 한민족 상고사의 지붕 없는 박
물관이자 근대 개항의 중심지인 강화도에서 9천 년 한국사의 뿌
리를 되찾는 〈『환단고기』 북 콘서트〉의 막이 올랐다.

한민족 문화의 숨결이 살아 있는 본고향이자 근대사의 관문
강화도는, 상고 시대에는 갑비고차甲比古次, 고구려 광개토태왕
때는 혈구군穴口郡, 신라 때는 해구군海口郡으로 불리며 한반도 최
고의 전략적 요충지였다. 또 고주몽의 두 아들 비류와 온조가 내
려와 세운 한성백제의 관문이었으며, 고려시대에는 대몽항쟁對
蒙抗爭의 중심지로 호국정신의 산실이었고 근세에는 아픈 개항의
역사가 배어 있다.

한민족의 고유 정신이자 인류 원형문화인 신교 삼신사상의 상
징 고인돌, 환국을 계승한 동방 배달의 우주광명 정신과 천지부
모, 천원지방天圓地方 사상을 고스란히 간직한 단군조선의 참성
단塹城壇과 삼랑성三郎城이 있는 강화도는 조선의 초대 단군왕검
이 배달국의 시조 환웅천황으로부터 전수되어 온 우주광명의 홍
익인간의 도를 펴고 삼신상제님께 천제를 올리던 자랑스런 제천
문화의 성지이다.

또한 강화도는 잃어버린 한민족의 혼을 되찾아주는 『환단고
기』의 성지로서 대한민국 상고사 편찬의 중심이던 고성固城 이씨
가문의 족적이 뚜렷한 곳이다. 특히 『단군세기』의 저자인 행촌杏

杏村 이암李嵒에게 강화도는 제2의 고향이다. 고려 공민왕 때 문하시중이라는 최고의 벼슬을 지낸 정치가이자 대학자였던 행촌 이암은 어린 시절 이곳에서 수학하며 때때로 참성단에 올라 하늘을 우러르며 동방의 나라에 밝은 등불을 비추겠다는 결의를 한 편의 시로 표현하기도 하였다.

벼슬길에 오른 이암은 원나라의 내정간섭과 간신배의 횡포로 벌어진 왕위 쟁탈전에 휩쓸려 강화도에 귀양을 오기도 했다. 향년 67세, 마침내 관복을 벗은 야인野人의 몸으로 강화도에 들어온 행촌 이암은 잃어버린 우리 동방 역사의 원형을 복원하겠다는 역사의식으로 『단군세기』를 완성하였다.

초대 단군왕검부터 마지막 47대 고열가단군까지 현 교과서에는 마치 유령의 역사처럼 그려져 있는 2,096년 동안의 단군조선의 역사를 고스란히 드러낸 『단군세기』를 비롯하여 신라시대 때부터 근세 조선에 이르기까지 천 년의 세월에 걸쳐 당대 최고 지성들이 기록한 한민족 상고사 다섯 권을 하나로 묶어서 편찬한 책이 바로 『환단고기』이다.

인류의 시원문화와 창세 역사를 밝혀 뒤틀리고 잘려나간 대한민국의 국통맥을 바로잡아 주는 유일한 인류 원형문화의 원전 『환단고기』.

『환단고기』를 편찬한 운초 계연수는 57세 때 일제가 놓은 덫에 걸려 무참히 살해돼 압록강에 던져졌다. 당시 시신이 수습되는 장면을 지켜보며 눈물을 흘리던 14세 소년이 바로 오늘 우리에게 『환단고기』를 전해 준 한암당 이유립이다. 고성이씨 집안의 이유립이 광복 몇 년 후 『환단고기』 원본을 가슴에 품고 38선을 넘어온 것이다.

이유립은 단군조선 시대 이래 우리 조상들이 매년 봄 마리산에서 삼신상제님께 천제를 올리던 전통을 되살려 이곳 마리산 자락에 성전을 짓고 천제를 올렸다. 고려 시대 이암으로부터 20세기 이유립에 이르기까지 한국사 회복에 지대한 공을 세운 고성이씨 가문의 활동이 이같이 강화도와 깊은 인연을 맺고 있다. 한마디로 강화도는 역사의 혼백을 잃은 오늘의 8천만 한민족에게 역사광복의 서광을 열어 9천 년 문화 역사의 뿌리와 숭고한 원형정신을 각성케 해준 불망지은不忘之恩의 땅인 것이다.

지금 동북아는 역사전쟁 중이다. 한국·일본·중국 동북아 삼국은 문화주권 쟁탈전, 즉 역사전쟁에 거세게 휘말려 들고 있다. 바야흐로 광복 70년을 넘어서고 있다. 그러나 아직 완전한 광복을 이루지 못했다. 상고 역사의 왜곡으로 찬란했던 한민족의 7천 년 뿌리역사는 잘려나갔고 근대사의 왜곡과 일제 침략의 잔재도 청산이 안 된 채 100여 년이 흘러왔다.

8천만 한국인이여! 진정한 역사광복을 통해 새 시대의 주역이 될 것인가, 아니면 동북아 역사전쟁에 패망해 암담한 미래를 맞을 것인가!

이제는 우리 모두 깨어나야 할 때다. 다 함께 힘차게 일어나야 할 때다. 이제 〈『환단고기』 북 콘서트〉를 통해 9천 년 한민족사의 국통맥을 바로 잡고 뿌리뽑힌 시원문화의 정수를 되찾아 동북아 역사전쟁으로부터 우리 조국과 사랑하는 가족과 이웃을 구하는 힘찬 여정을 다같이 떠나보자.

환기 9218년, 신시개천 5918년, 단군기원 4354년,
서기 2021년 8월 2일
역주자 **안 경 전**安耕田

⫴ 목 차 ⫴

제2부
한민족 9천 년 역사를 바로 세우는 역사 경전 『환단고기』

15

제3부
천상의 문이 다시 열리다

17

강화도 마리산 전경

제1부

한민족 창세
역사광복의 성지,
강화도

참성단

오늘 말씀에 앞서 세계환단학회 박성수 이사장님이 "이 강화도는 작은 한국이다. 강화도의 역사 문화를 모르고 한국을 말하지 말라."라고 하셨는데, 참 멋있는 표현입니다. 오늘 이 시간이, 무너진 대한민국 역사의 근본을 바로 세우는 소중한 시간이 되기를 소망합니다.

지금 제 정면에 보이는 멋진 플래카드에 씌어 있는 '강화, 한민족 창세 역사광복의 성지'라는 말씀이 너무도 멋진데요. 우리 모두 인류 창세 역사의 혼백과 원형문화의 푯대 정신이 굳건히 살아있는 이곳 마리산 참성단을 그려보면서, 다 함께 큰 박수로, 오늘 말씀의 서두를 열까 합니다.

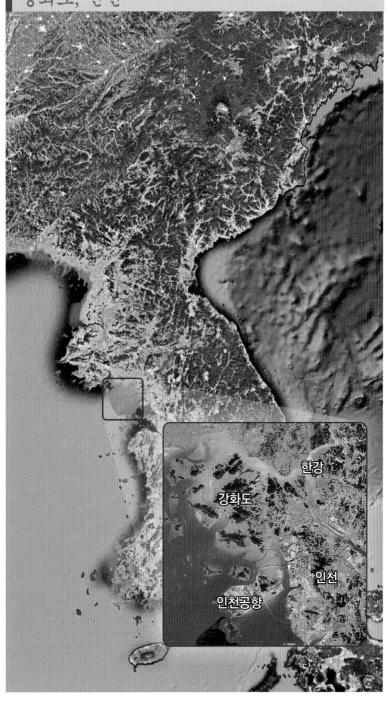

한민족 시원 창세 역사를 찾아주는 성지, 강화도

결론은 역사 전쟁입니다. 문화 주권 전쟁입니다. 역사관 전쟁입니다. 거듭 강조하건대, 역사관 전쟁인 것입니다.

우리는 다 같은 한국인으로서, 나아가서 이 지구촌 세계 시민의 한 사람으로서 왜 우리 역사의 근원을 반드시 제대로 알아야만 할까요? **역사를 잃은 자는 모든 것을 잃기 때문**입니다. **과거를 잃어버리면 현재 삶의 진정한 주체, 주인이 될 수 없습니다.**

하늘·땅과 하나됨을 소망한 단군왕검의 숨결을 느낄 수 있는 곳
참성단

미래의 새 역사의 비전을 당당하게 제시할 수 없습니다.

지나간 역사는 단순히 죽은 과거로서 끝나는 것이 아니라, 현재 내 삶의 의식을 결정짓고 미래 역사를 여는 동력원이 되는 것입니다.

강화도는 단군왕검이 천제를 올린 성지

강화도와 인천은 **고대사와 근대사를 아우르는 진정한 역사의 성지聖地**입니다. 이곳은 마리산 참성단을 몸소 지으신 단군왕검이 우주의 통치자, 우주 정치의 주관자이신 삼신상제님께 천제를 직접 올리신 곳이기 때문에, 한민족 역사의 성지를 넘어서 진정한 인류 문화의 성지가 되어야만 한다! 저는 이렇게 서두에서

주장하고 싶습니다. 강화도는 한민족의 진정한 역사의 성지이자 **생동하는 제천문화의 추억이 그대로 살아있는 곳입니다.**

며칠 전에, 이번 〈강화도 『환단고기』 북 콘서트〉에서는 무엇을 주제로 삼아야 우리 역사의 근원을 복원하고 우리 역사의 비전, 새 희망의 한 소식을 제대로 전할 수 있을지 고민해 보았습니다. 그러면서 '나는 왜 우리 역사 왜곡의 어두움을 걷는 데 봉사하면서 청춘의 시간, 그 세월을 보냈는가?' 하고 자문도 해보았습니다.

평생동안 저는 환인천제, 환웅천황, 단군왕검, 치우천황님께 청수를 떠놓고 순간순간 기도를 해왔습니다. 그렇게 기도하는 삶이 있었기에 오늘 이런 자리가 마련된 것이 아닌가 하는 생각이 듭니다.

행촌 이암이 단군세기를 완성한 곳
강화도는 시원 창세 역사를 찾아주는 진정한 성지입니다. 이곳은 고려 말 공민왕 때 문하시중(현 국무총리 격)에 오른 당대 최고 지성이며 정치가인 고성이씨 문중의 행촌杏村 이암李嵒 (1297~1364) 선생이, 마흔일곱 분 단군이 2천 년간 다스린 고대 조선의 역사를 복원한 **『단군세기』를 완성한 곳***입니다.

이암 선생이 10세 때 마리산 참성단에 올라가 읊은 시가 있습니다. 소년 이암은 하늘을 바라보면서 "선풍유열참성단仙風猶烈塹城壇, 단군님 세운 참성단에 선풍이 강렬히 휘몰아치는구나. … 숙장촉갈혼구지孰將燭喝昏衢志, 그 누가 이 어두운 동방의 거리를

---

* 강화도 선원사禪源寺 해운당海雲堂

檀君世紀

古記云王儉父檀雄母熊氏王辛卯五月二日寅時
生于檀樹下有神人之德遠近畏服年十四甲辰熊氏
王聞其神聖薦為神王攝行大邑國事戊辰唐堯時來
自檀國至阿斯達檀木之墟國人推為天帝子混一九
桓神化遠暨是謂檀君王儉在桓王位二十四年居帝
位九十三年壽一百三十歲
戊辰元年大始神市之世四來之民遍居山谷草衣跣足
至開天一千五百六十五年上月三日有神人王儉者五
加之魁率徒八百來御于檀木之墟與衆奉祭于三神其

檀君世紀　　桓檀古記　　十三

고대 조선의 2천 년 역사를 복원한 『단군세기』

행촌 **이암**李嵓(1297~1364)
고려 말 공민왕 때 문하시중門
下侍中 (국무총리 격) 역임

선풍유열참성단
仙風猶烈塹城壇
숙장촉갈혼구지
孰將燭喝昏衢志
구아자금천하안
求我自今天下安

행촌村村 이암李嵓(1297~1364) 선생이
10세 때 마리산 참성단에 올라가 읊은 시

참성단 위에 선풍이 강렬히 몰아치고 있구나
그 누가 어두운 동방의 거리를 밝게 비출 것인가
내가 이제 동방 천하의 평안을 구하리라

밝게 비출 수 있겠는가?" 하고 노래했습니다. 그리고 마지막에
"구아자금천하안求我自今天下安, 내가 이제 동방 천하의 평안을 구
하리라."라고 했습니다. 소년 이암은 이런 시를 읊으면서 하늘의
삼신상제님과 약속하였던 것입니다.

조금 전, 등단하기 전에 그 한 구절을 떠올리면서, 오늘 말씀
의 전체 주제와 개천절의 소중한 의미를 생각해 보았습니다.

'열 개開 자', '하늘 천天 자', '하늘을 열었다'는 개천절의 진정
한 의미는 무엇일까요? **인류 창세 역사의 고향인 환국의 천지 광
명문화를 계승해서 배달의 환웅천황이 동방 땅에 우주 광명문화
를 처음 개벽한 그 정신이 바로 개천입니다.** 처음 개천 역사를 연
분은 배달국의 환웅천황이고, 단군왕검은 그 정신을 계승해서
이 동방에 우주 광명의 문화를 뿌리 내린 분입니다.

강화의 주산인 고려산에는 백여 기의 고인돌이 있습니다. 전
세계에 있는 고인돌 가운데 아마 가장 멋지고 완벽하게 생긴 것
이 바로 강화도에 있는 고인돌이 아닌가 합니다. 지금 강화도 부
근리에 있는 고인돌은 천신과 조상에게 제사를 지낸 제천석으로

서, 천문대의 역할도 했습니다. 다용도로 쓰인 고인돌은 단군조선의 표지 유물입니다.

강화도 콘서트의 주제

오늘 강화도 콘서트의 주제를 크게 세 가지로 잡아봤습니다.

첫 번째 주제는, **'우리 역사, 무엇이 잘못됐는가?'** 하는 것입니다. 제가 한민족 역사 광복의 성지에서 역사 왜곡이라는 주제를 함께 생각해 보고자 하늘에 여쭤봤습니다. 곰곰이 생각해 보니, '우리 역사의 왜곡과 조작, 그 모든 것을 세 글자에 담을 수 있다. 그것은 바로 삼조선이다!'라는 구절이 명확하게 떠올랐습니다.

두 번째 주제는, **동방 천자의 나라 단군조선의 역대 단군님들의 치적과 그 핵심을 정리하면서 단군조선의 국가 경영제도, 통치철학, 중국·일본과의 관계, 유라시아 유목민 문화와의 관계** 등을 알아보겠습니다. 또 '단군조가 동북아 역사를 넘어 지구촌 인류사에서 어떤 역할을 해 왔는가?'에 대해 말씀드리고자 합니다.

강화부근리 고인돌
고인돌은 제천단과 천문대의 역할을 했다. 2000년에 세계문화유산으로 등재

최근 역사학계에는, "이제 고조선이라는 말을 쓰지 말자. 그것은 잘못된 말이다. 예전에 중국 요순시대는, 요임금의 당나라, 순임금의 우나라이므로 '당요, 우순'이라 한다. 그런데 요임금의 당나라를 당태종의 당나라와 구분하기 위해서 '고당古唐'이라는 말을 쓰지는 않는다. 하지만 우리는 조선(단군조선)을 한양 이씨 조선과 구분하기 위해서 '고조선古朝鮮'이라는 말을 쓰고 있으니 이것은 옳지 않다."라고 하며 고조선 대신에 '고대조선', '단군조선' 같은 말을 쓰자는 젊은 학자들이 있습니다.

세 번째 주제는, '**천상의 문이 다시 열리다**'입니다.

상고사 문화 역사의 주제를 깨치다 보면 근대 역사가 너무도 심각하게 왜곡되었다는 것을 절감합니다. 그래서 근대사의 근본 주제를 다시 한 번 각성하면서 오늘 말씀을 마무리 지을까 합니다.

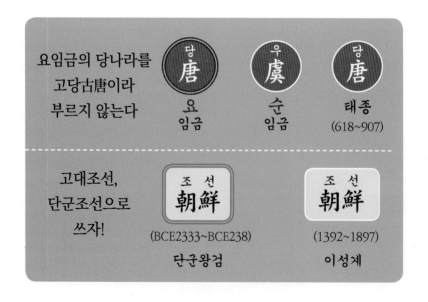

한민족 역사광복의 성지에서

본론으로 들어가서, 한민족 역사 광복의 성지에서 국조, 건국의 아버지에 대한 한국인의 의식을 고발해 볼까 합니다.

국조國祖에 대한 한국인의 의식
영국의 대영박물관에 가보면 '**우리 대한민국에는 상고 역사가 없다**'는 것을 느끼게 됩니다. 소위 말하는 고조선, 그 역사의 실체가 아무것도 없습니다. 돌 몇 개 갖다 놓고, 도구 몇 개 갖다 놓고 원시시대의 시작이라 합니다. 그냥 구석기, 신석기라고 합니다. 지금 전 세계의 중학교, 고등학교, 대학교의 역사 교과서에 실린 한국 상고사 분야를 보면, 단군을 살짝 언급하면서 신화라고 부정하고 있습니다.

최근에 이곳 강화도에서 아주 재미있는 전시회가 있었습니다. 우리나라 각 종교단체나 민간단체 또는 특정 개인이 모시고 있는 단군왕검의 영정을 전시하는 전시회가 열린 것입니다. 본래 단군왕검은 임금님이니까 어진을 모시고 있는 것이죠. 그런데 그 수준이 어느 정도인지 한번 잠깐 볼까요.

나무 이파리로 옷을 해 입혀 드렸습니다. 각 단체나 개인이나 공통적으로 저렇게 나무 이파리로 옷을 해 드렸습니다. 이것이 오늘날 한국인들의 역사의식의 현주소입니다.

CHRONOLOGY OF KOREAN HISTORY

DATES	CHINA	KOREA	JAPAN
5000	Neolithic cultures	선사시대 Prehistoric periods: Neolithic	
1500	Shang dynasty	?	Jomon period
1000	Western Zhou	Bronze Age c. 1000 BC 청동기시대	
500	Eastern Zhou		
BC 0 AD	Qin	Iron Age c. 400 BC 철기시대	Yayoi period
	Western Han		
	Eastern Han	Proto-Three Kingdoms 0-c. AD 300	

'고조선'이 사라진 한국사 연표. 대영박물관 한국관

대영박물관 The British Museum(영국 런던)

면류관을 쓴 중국 역대 제왕

반면에 중국은 어떻습니까? 우리가 흔히 유가에서 말하는 요순우탕문무주공堯舜禹湯文武周公, 즉 요임금, 순임금 그리고 고대 3왕조라고 하는 하상주夏商周, 하나라의 우임금, 상나라의 탕임금, 주나라의 문왕과 그의 아들 무왕, 그 제왕들이 다 면류관을 쓰고 곤룡포를 입고 있습니다.

그 이전, 5,400년 전에 태호복희씨가 계신데, 우리나라 태극기 팔괘를 제작하신 분이죠. 태호복희씨만 해도 그런대로 호피를 두르고 계십니다. 이것은 상해출판사에서 출판된 『역대제왕록』에 나온 사진을 그대로 취한 것입니다.

호피虎皮를 두른 모습의 **태호복희씨** (「중국역대제왕록」)

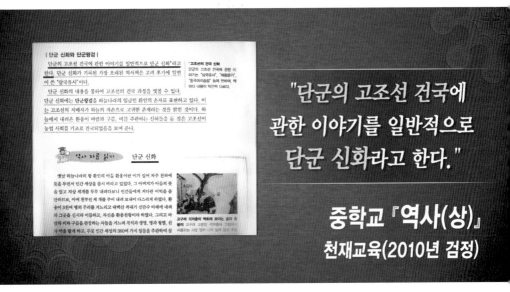

"단군의 고조선 건국에 관한 이야기를 일반적으로 단군 신화라고 한다."

중학교 『역사(상)』 천재교육(2010년 검정)

중국 하남성 회향현에 가보면 중국인들이 자랑하는 대궁전에 아주 거대한 금 동상으로 만들어진 위풍당당한 태호복희씨의 모습을 볼 수 있습니다.

또 동북아 성인 제왕으로서의 신농씨의 모습과 중국의 역사 시조로 받들어지는 4,700년 전 황제헌원의 모습, 그리고 요임

염제신농씨. 중국 하남성 신의산

황제 헌원. 중국 감숙성 청수현

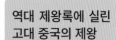

역대 제왕록에 실린 고대 중국의 제왕

❶ 요임금
❷ 순임금
❸ 하夏 우왕
❹ 은殷 탕왕
❺ 주周 문왕

금, 순임금, 하상주의 제왕들을 보면 다 곤룡포를 입고 면류관을 쓰고 있습니다.

그런데 이곳 강화도에 전시된 한민족 역사의 시조인 단군왕검은 나뭇잎으로 지은 옷을 입고 계십니다. 단군왕검은 대우주의 조화주 하나님이신 삼신상제님께 천제를 올리기 위해서 8천 명을 동원해서 제천단을 쌓고 하늘에 제를 올린 분인데, 동북아 역사의 진정한 건국의 아버지인데 이분을 이렇게 홀대하고 원시시대 야만인 문화 수준으로 비하하고 모독하고 있습니다.

우리 모두 민족의 시조를 새롭게 인식하고, 제대로 품격 있게 받들 수 있는 계기가 되기를 소망합니다.

한국인의 국조國祖 의식 현주소

단군조선과 관련한 한민족 뿌리 역사의 왜곡

| 한민족 9천 년 역사 왜곡의 상징 |

단군조선과 관련된 시원 역사의 뿌리가 송두리째 잘려나갔습니다. 그 모든 역사 왜곡과 말살의 주제, 그것은 세 글자입니다. 우리 역사 광복의 주제도 바로 세 글자입니다. 우리 한민족 역사의 뿌리를 말살한 올가미, 그 세 글자는 바로 '**삼조선**三朝鮮'입니다.

삼조선이란 무엇일까요?

하늘에는 삼신三神**, 땅에는 삼한**三韓**, 사람 몸속에는 세 가지 참된 것, 삼진**三眞**이 있다!**

이것은 동북아 역사뿐만 아니라 지구촌 인류 창세 역사, 원형 문화의 근본 주제입니다.

하늘 – 삼신三神

인간 – 삼진三眞

땅 – 삼한三韓

지구촌 창세역사와 인류 원형문화의 **근본 주제**

이 우주에는 조물주 삼신이 계시고, 땅에는 삼한이 있었습니다. 단군왕검이 나라를 열고 천하를 다스리실 때, 국가 경영의 방식이 삼한이었습니다. 단재丹齋 신채호申采浩(1880~1936) 선생은 이것을 북삼한, 대륙삼한이라 했습니다.

단군조선이 망하고 나서 그 유민들이 한강 이남으로 내려와서 세운 남삼한을 진한, 번한, 마한이라 했습니다. 신라, 가야, 백제의 전신前身인 이 남삼한은 본래 저 북쪽의 북삼한에서 비롯되었습니다. 만주는 진한, 한반도 전체는 마한, 그리고 요서, 산동, 그 아래 절강성, 강소성까지가 번한입니다.

단재 신채호의 삼한론

단군조선의 대륙 삼한	북삼한北三韓
한반도의 삼한	남삼한南三韓

이 삼한이, 단군조 중기에 이르러 혁명이 일어나 삼조선 체제로 바뀌었습니다. 그래서 만주는 진조선, 한반도는 말조선, 요서는 번조선이 됐습니다.

이 삼조선이 어떻게 둔갑을 하는가? 우리나라의 강단 사학, 그리고 **중국과 일본의 패권주의 사관이 주장하는 삼조선은 무엇인가? 바로 단군조선과 기자조선, 위만조선입니다.**

'단군조선이 있긴 있었는데 그건 믿을 수 없는 신화다' 이렇게 부정해 버립니다. 우리 한민족의 시원 역사 왜곡과 말살의 모든

왜곡된 삼조선

진조선
막조선
번조선

➡

단군조선 ✔신화
기자조선
위만조선

한민족의 시원 역사 왜곡과 말살의 모든 주제는

삼조선三朝鮮에 있다!

주제가 바로 여기에 있습니다! 왜 단군조선은 신화로 부정당하고, 왜 국조께서는 어의御衣 대신 나뭇잎을 꿰어 만든 옷을 입고 계시는가 말입니다! 이것은 한민족과 우리 문화에 대한 최대의 모욕이며 민족 문화의 자존감을 송두리째 무너뜨리는 수치스러운 사건입니다.

오늘의 한국사 인식

① 『삼국유사』「고조선」의 역사 진실과 시원 역사의 왜곡

본래 우리 역사의 맥은 어떻게 되어 있을까요? 바로 『삼국유사』「고조선」조에 있는 대로, '옛적에 환국이 있었다'고 한 그 환국에서 환웅천황의 신시 배달과 단군왕검의 조선이 계승되었습니다. 환국 - 배달 - 조선, 이렇게 내려갑니다. 그리고 해모수의 북부여로 이어지는데, 이것이 전부 무너졌습니다.

단군조선이 부정되니 환국과 배달도 동시에 자동으로 사라져 버렸습니다. 그리고 단군조선이 있던 곳에 중국이 한사군漢四郡을 설치하여 식민통치를 한 것으로 역사가 왜곡되었습니다. 한

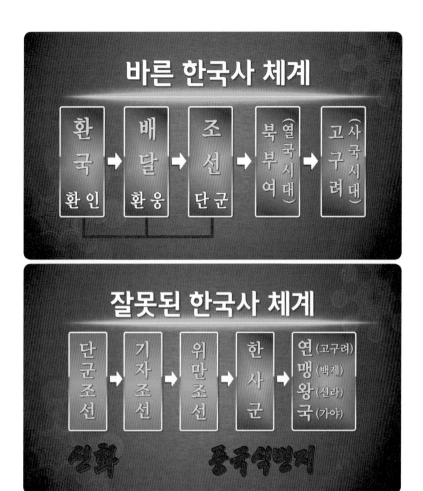

나라 무제의 네 개 식민지 군郡이 한반도 내의 평양 주변에 있었고, 그 이후 연맹왕국 시대로 이어져 고구려, 백제, 신라가 들어섰다는 것입니다.

일제日帝는 한민족 8백만 명을 무참히 학살하고 우리 시원 역사의 뿌리를 단절시켜 버렸습니다. 우리 역사의 숨통을 끊기 위해 **역사, 문화, 종교, 생활 분야 등 20여만 권*의 책을 수거하여**

---

* 일제는 1910년 11월부터 1911년 12월까지 조선총독부 관보 제69호(1910. 11. 19)를 근거로 하여 '20여만 권'의 사서를 압수했다. (참고:문정창의 『制憲國會史』,

레오폴드 폰 랑케
Leopold von Ranke
(1795~1886)
문헌과 유물 연구를 통한
실증사학을 주장.

루드비히 리스Ludwig Riess
(1861~1928)
동경제대 사학과 교수로
재직(1901~1928). 일본에
실증사학을 심음.

한암당 이유립(1907~1986)
『삼국유사』「고조선」조를
『신시개천경』이라 정의함.

서울 남산에서 불질렀습니다. 그리고 젊은 학생들을 독일로 유학 보내거나 독일의 학자들을 일본에 초청하여 랑케Leopold von Ranke (1795~1886)가 주장한 근대 실증사학을 도입하였습니다. 그 실증주의, 과학주의 이론 체계를 가지고 우리 시원 역사를 철저히 부정하고 말살하였습니다. 그 근거가 된 역사서가 바로 한민족 시원 역사를 말살하기 위해서 남겨두었던 『삼국유사』와 『삼국사기』입니다. 이제 『삼국유사』에 실린 「고조선」조 원본을 끝 구절까지 잠깐 살펴보기로 하겠습니다.

우리가 『삼국유사』 「고조선」조를 오랫동안 읽고, 글의 앞뒤 맥락을 스스로 깨닫다 보면 한암당寒闇堂 이유립李裕岦(1907~1986) 선생이 왜 이 글을 '신시개천경神市開天經'이라 정의했는지 알 수 있습니다.

일제는 이것을 한민족 시원 역사의 뿌리를 송두리째 말살하는 근거로 삼았습니다. 이 속에는 **환국과 배달과 조선, 그 역사의 진실이 들어있으면서도, 우리가 자충수를 둘 수밖에 없는, 역사 부정의 빌미를 제공하는 결정적이고도 치명적인 몇 가지 문제를 포함**하고 있습니다.

1985년 10. 4 조선일보 기사)

『삼국유사』는 한국인이 쓴 우리의 옛 기록 「고기古記」를 통해 단군조선의 뿌리를 선언합니다. 정리를 해 보면, 첫 구절은 중국 왕침王沈의 『위서魏書』를 인용해서, 당시로서는 2천 년 전에, 지금 으로부터는 4천 년 전에 단군왕검이 있었다, 단군왕검이 실제 살 아계셨다고 합니다. 실존 인물로서 아사달에 도읍을 정하고 나 라를 세웠다는 것입니다.

그리고 이 단군조선, 이 나라는 어디서 왔는가? 이것을 「고기 古記」를 인용하여 선언하고 있습니다. 그것은 놀랍게도, **'석유환 국昔有桓國, 옛적에 환국이 있었다!'**라는 기록입니다. **단군조선의 원 뿌리가 환국**이라는 것입니다. 지구촌 어느 민족도, 어느 나라 도 기록으로 남기지 못한 **인류 시원 역사의 고향인 환국桓國이 있었다**는 겁니다.

고 기　　　운 석 유 환 국
古記에 **云 昔有桓國**하니

「고기古記」에 이르기를, 옛적에 (인류 창세 역사) 환국이 있었다.

(『삼국유사』「고조선」)

그 환국 환인천제의 아들 서자부의 환웅이 천부인天符印, 종통 의 상징인 세 가지 성물을 가지고 동방에 와서 배달을 세우셨는 데, 그 날이 개천절開天節입니다.

그런데, 그 뒤에 내용이 쭉 전개되다가 '환웅이, 곰이었다가 사 람이 된 여자와 결혼을 해서 아들 단군을 낳았다'라고 합니다. 바로 여기서부터 역사가 잘못되었습니다.

이 책을 쓴 **일연 스님**이 **'환국은 제석帝釋의 나라'**라는 주석을

붙여 불교 신화로 말하고, 또 환웅이 여자가 된 곰과 결혼을 해서 단군을 낳았다고 했습니다. 여기서 웅족과 호족을 한 마리 곰과 호랑이로 잘못 해석하게 되고, 환국 - 배달 - 조선이 3대 인물사로 변질됩니다. 그리하여 '이게 전부 신화가 아닌가!' 이렇게 부정하는 논리가 제공됩니다.

한민족 시원 역사의 말살을 지휘한 총 사령탑인 '조선사편수회'의 3인방 가운데 막내인 **금서룡今西龍**이 한 글자를 가지고 우리 역사의 근원을 부정하게 만들었습니다. **'석유환국昔有桓國'이라는 원문에서 '나라 국國' 자를 '인因'으로 조작**해서, 환인과 그 계승자 환웅, 그리고 그 아들 단군의 3대 이야기로 만들었습니다. 그래서 이것은 신화요, 믿을 수 없는 스토리라는 것입니다.

『삼국유사』「고조선」의 *시원역사 왜곡*

① 웅족과 호족 一熊一虎
→ 곰과 호랑이로 묘사

② 단군조선 전반기 역사, 1908년
→ 1세 단군왕검 수명으로 왜곡

③ 환국·배달·조선의 7천 년 국가 개창사
→ 환인·환웅·단군의 3대 인물사로 변질

④ 인류 최초의 나라, 환국桓國
→ 불교 신화의 나라(帝釋)로 왜곡

⑤ 환웅과 웅족 여인의 결혼
→ 환웅이 여인이 된 곰과 결혼

'석유환인昔有桓因', 이것이 우리 한국사를 총체적으로 말살한 회심의 작품입니다.

이런 문제점이 있지만 『삼국유사』「고조선」조에는 아주 중대한 진실이 들어있습니다. 환국, 배달, 조선이라는 삼왕조 역사의 대의가 다 들어있는 것입니다.

그리고 또 한 가지 중요한 사실을 알 수 있습니다. 단군왕검이 나라를 세운 뒤에, 수도를 두 번 더 옮겼습니다. 아사달에서 백악산

'나라 국國' 자를 '인因'으로 조작해서 환인·환웅·단군의 역사는 신화이며 믿을 수 없는 이야기로 부정

으로, 그리고 장당경으로 옮겼다고 했습니다. 『환단고기』를 보면 처음 도읍지는 송화강松花江 아사달로 지금의 하얼빈인데, 이후 백악산白岳山 아사달 그리고 장당경藏唐京 아사달로 수도를 옮겼다는 기록이 있습니다. 『삼국유사』「고조선」조에는 단군왕검 한 분이 1,908년을 산 것으로 돼 있는데, 바로 이것이 너무도 중요한 것으로, 물론 이것은 믿을 수 없는 신화로 부정되는 빌미가

조선사편수회 3인방

구로이타 가쓰미
黑板勝美

이나바 이와키치
稻葉岩吉

이마니시 류
今西龍

되기도 하지만, **단군조선이 지속한 기간이 1,908년이라는 진실**을 정말로 멋지게 밝혀주고 있습니다.

단군조선 2,096년 3대 왕조사 (『단군세기』)

제1왕조	1세 단군왕검 ~ 21세 소태단군 (총 1,048년)	**1,908년**
제2왕조	22세 색불루단군 ~ 43세 물리단군 (총 860년)	
제3왕조	44세 구물단군 ~ 47세 고열가단군 국호 변경: 대부여大夫餘	**188년**

『삼국유사』「고조선」의 단군왕검 수명

단군조선 역년	1세-43세 단군	1,908년

행촌 이암이 쓴 『단군세기』를 보면, **단군조선은 세 왕조**로 전개되었으며 전체 역사는 2,096년입니다. 실제 '조선'이라는 이름으로 국가가 존속한 것은 시조 단군왕검에서 43세 물리단군까지 1,908년(1, 2왕조)입니다. 제3왕조인 44세 구물단군부터 마지막 47세 고열가단군까지 188년 동안은 나라 이름이 '대부여大夫餘'였습니다.

단군조선의 천도 기록

『삼국유사』「고조선」	『환단고기』「단군세기」
아사달	제1왕조 아사달(하얼빈)
백악산	제2왕조 백악산(장춘)
장당경	제3왕조 장당경(개원)

단군조선의 천도遷都

삼국유사三國遺事 고조선古朝鮮(왕검조선王儉朝鮮)
Samguk Yusa, "Ancient Joseon"

영어 번역 : 상생문화연구소 〈세계 역사문화원전 번역실〉

『삼국유사』
1281년(고려 25대 충렬왕 7년) 경에 일연一然(속명 견명見明, 1206년~1289년) 국사國師가 편찬한 사서史書.

이유립은, 일연 스님의 『삼국유사』〈고조선〉[왕검조선]에 인용한 고기古記를 배달의 초대 환웅천황 때의 사관인 신지神誌 혁덕赫德의 작품으로 보고 이를 따로 떼 내어 상경·중경·하경으로 나눈 뒤 이것을 『신시개천경神市開天經』이라고 정명正名하였다.

위서 운내왕이천재 유단군왕검 입도아사달
魏書에 云 乃往二千載에 有壇君王儉이 立都阿斯達하시고

개국 호조선 여고동시
開國 號朝鮮하시니 與高同時니라

『위서魏書』에 이렇게 말했다. 지난 2,000년 전에 단군왕검께서 도읍을 아사달에 정하시고 나라를 세워 이름을 조선이라 하시니 요임금과 같은 시대였다.

In the *Book of Wei*, it is written, "Two thousand years ago, Dangun Wanggeom established a nation named 'Joseon' and made Asadal his capital. This coincided with the era of Emperor Yao's reign."

고기 운석유환국 서자환웅 삭의천하
古記에 云 昔有桓国하니 庶子桓雄이 數意天下하야

탐구인세 부지자의 하시삼위태백
貪求人世어늘 父知子意하고 下視三危太伯하니

가이홍익인간
可以弘益人間이라

44   한민족 창세역사의 성지 강화도를 가다

『고기』에 이렇게 말했다. 옛적에 환국이 있었다. 서자부의 환웅이 자주 천하에 뜻을 두고 인간세상을 구하고자 하거늘, 환국을 다스리시는 아버지 환인께서 아들의 이런 뜻을 아시고 아래로 삼위산과 태백산을 내려다보니 인간세상을 널리 이롭게 할 만한지라.

The *Gogi (Ancient Records)* records: "The Hwanguk nation existed long ago. Hwanung of Seojabu aspired to save all under heaven and bring deliverance to the human world. "Perceiving his son's aspiration, Hwanin, ruler of Hwanguk, gazed upon Mt. Sanwei and Mt. Taebaeksan and deemed both suitable for the fostering wide-reaching benefits for humanity.

내 수 천 부 인 삼 개   견 왕 이 지
乃授天符印三箇하사 **遣往理之**하시니라
웅   솔 도 삼 천   강 어 태 백 산 정 신 단 수 하
雄이 **率徒三千**하사 **降於太伯山頂神壇樹下**하시니
위 지 신 시   시 위 환 웅 천 왕 야
謂之神市요 **是謂桓雄天王也**시니라

이에 아들에게 천부天符와 인印 세 개를 주어 그곳으로 보내 다스리게 하셨다. 이에 환웅이 무리 3,000명을 거느리고 태백산 꼭대기 신단수 아래에 내려오시어 이를 신시神市라 이르시니, 이분이 바로 환웅천황이시다.

"Hwanin thus granted his son Hwanung the Heavenly Emblems and Seal—the Three Treasures—then sent him forth to rule this region.
"Hwanung led three thousand people down to the foot of the Divine Tree on the summit of Mt. Taebaeksan. He named this place 'Sinsi' ("Divine City"), and he was called 'Heavenly Emperor Hwanung.'

장 풍 백 우 사 운 사 이 주 곡 주 명 주 병 주 형 주 선 악
將風伯雨師雲師而主穀主命主病主刑主善惡하사
범 주 인 간 삼 백 육 십 여 사 　　재 세 이 화
凡主人間三百六十餘事하사 在世理化시니라

환웅께서 풍백風伯·우사雨師·운사雲師와 주곡主穀·주명主命·주병主
病·주형主刑·주선악主善惡을 거느리시어 인간세상의 360여 가지
일[人事]을 주관하시고, 세상을 신교神敎의 진리로 다스려 교화하
셨다.

"Hwanung led the Pungbaek, Usa, and Unsa, as well as the
ministers of agriculture, imperial decrees, law, health, and
morality, in overseeing more than 360 realms of human
affairs. He ruled and enlightened the people of the world
with the truth of Spirit Teaching.

시 　유 일 웅 일 호 　 동 혈 이 거 　 상 기 우 신 웅
時에 有一熊一虎가 同穴而居러니 常祈于神雄하야
원 화 위 인 　　　시 　신 유 영 애 일 주 　산 이 십 매
願化爲人이어늘 時에 神遺靈艾一炷와 蒜二十枚하시고
왈 　이 배 식 지 　　불 견 일 광 백 일 　　변 득 인 형
曰「爾輩食之하라 不見日光百日이라야 便得人形이리라」

이때 웅족과 호족이 같은 굴에 살았는데, 늘 신성하신 환웅님께
환족의 백성이 되게 해 달라고 빌었다. 이때 환웅께서 영험한 쑥
한 타래와 마늘 스무 매를 내려주시며 이르시기를, "너희들은 이
것을 먹으면서 100일 동안 햇빛을 보지 않아야 사람의 참모습을 회
복할 것이니라." 하셨다.

"During this period, the Bear Clan and Tiger Clan, who
lived in the same region, continually beseeched the divine
Hwanung to change them into ideal human beings. "In
response, Hwanung gave them divine items, which were
a bundle of mugwort and twenty cloves of garlic, and he

commanded, 'Eat these and avoid the sunlight for one hundred days. If you do, you will become ideal humans.'

웅 호 득 이 식 지　　기 삼 칠 일　　웅 득 여 신
熊虎得而食之러니 忌三七日에 熊得女身이나

호 불 능 기　　이 부 득 인 신　　웅 녀 자 무 여 위 혼 고
虎不能忌하야 而不得人身이라 熊女者 無與爲婚 故로

매 어 단 수 하　　주 원 유 잉　　웅 내 가 화 이 혼 지
每於壇樹下에 呪願有孕이어늘 雄乃假化而婚之하사

잉 생 자
孕生子하시니라

웅족과 호족이 환웅께서 주신 쑥과 마늘을 먹으면서 21일 동안 을 삼감에 웅족은 여자의 참모습을 얻었으나, 호족은 금기를 지키지 못하여 사람의 참모습을 얻지 못하였다. 웅족 여인이 혼인할 곳이 없으므로 늘 신단수 아래에 와서 아이를 갖게 해 달라고 빌었다. 이에 환웅께서 웅족 여인을 임시로 환족으로 받아들여 혼인해 아들을 낳으셨다.

"The Bear Clan and Tiger Clan disciplined themselves for three seven-day periods spanning twenty-one days, consuming only the mugwort and garlic. The Bear Clan members became ideal women. But the Tiger Clan failed to comply with the precepts and did not attain ideal human form.

"Thereafter, a woman of the Bear Clan, lacking any ideal man to marry, came to the foot of the Divine Tree daily and prayed to be blessed with a baby. Hence, Hwanung granted her provisional acceptance into the Hwan people, married her, and begot with her a son: Dangun Wanggeom.

※이유립이 『신시개천경神市開天經』
이라 정명함.

중국의 중화 사관, 식민 사관을 답습한 잘못된 기록

號曰壇君王儉이시니 以唐高即位五十年庚寅에
_{호 왈 단 군 왕 검　　　이 당 고 즉 위 오 십 년 경 인}

都平壤城하시고 始稱朝鮮하시니라
_{도 평 양 성　　시 칭 조 선}

又移都於白岳山阿斯達하시니 又名弓(一作方)忽山이오
_{우 이 도 어 백 악 산 아 사 달　　우 명 궁 일작방 홀 산}

又今彌達이니 御國一千五百年이라
_{우 금 미 달　　어 국 일 천 오 백 년}

이름을 단군왕검이라 하니 당唐나라 요임금이 즉위한 지 50년이 되던 경인庚寅년에 평양성에 도읍하고 비로소 조선이라 일컬었다. 또 도읍을 백악산아사달로 옮겼는데 그곳을 궁홀산弓忽山(일명 방홀산方忽山), 또는 금미달이라고도 하니 이곳에서 1,500년 동안 나라를 다스렸다.

"Dangun Wanggeom named his nation 'Joseon' and established its capital in Pyeongyangseong. This was during the year of the White Tiger, fifty years after Emperor Yao began his rule. The capital was moved to Asadal at Mt. Baekaksan, also known as Mt. Gungholsan (Mt. Bangholsan) or Geummidal. From Asadal, Dangun Wanggeom ruled the nation for 1500 years.

周虎王 即位己卯에 封箕子於朝鮮하니
_{주 호 왕 즉 위 기 묘　　봉 기 자 어 조 선}

壇君이 乃移藏唐京이라가 後에 還隱於阿斯達하사
_{단 군　　내 이 장 당 경　　후　　환 은 어 아 사 달}

爲山神하시니 壽는 一千九百八歲시니라
_{위 산 신　　수　　일 천 구 백 팔 세}

주나라 무왕이 즉위한 기묘己卯(BCE 1122)년에 무왕이 기자箕子를 조선에 봉하니, 이에 단군이 장당경으로 옮겨 가셨다가 뒤에 돌아와 아사달에 은거하여 산신이 되시니 수가 1,908세이셨다.

"King Wu of the Zhou Dynasty became ruler in the year of the Yellow Rabbit (1122 BCE) and assigned Gija to rule Joseon.

Dangun thus relocated to Jangdanggyeong. He returned to Asadal only later, and there he entered into seclusion, became a mountain deity, and lived 1,908 years."

당 배 구 전　　운 고 려　　본 고 죽 국
唐襄矩傳에 云 高麗는 本孤竹國이니

주 이 봉 기 자　　　위 조 선　　　한 분 치 삼 군
周以封箕子하야 爲朝鮮하고 漢分置三郡하니

위 현 도 낙 랑 대 방　북대방
謂玄菟樂浪帶方(北帶方)이라하고

통 전　　역 동 차 설
通典도 亦同此說이라

『당서唐書』「배구전裵矩傳」에 이르기를, 고구려는 본래 고죽국인데 주나라가 기자를 봉하여 조선왕으로 삼았다. 한나라가 이를 나누어 3군을 설치하여 현도, 낙랑, 대방(북대방北帶方)이라 불렀다. 『통전通典』의 기록도 역시 이 설과 같다.

In the "Peijuchuan" section of the *Book of Tang*, it is written:

"Goguryeo was originally Gojukguk, and the Zhou Dynasty appointed Gija as the king of Joseon. The Han Dynasty divided this land into three commanderies called 'Xuantu,' 'Lelang,' and 'Daifang (North Daifang).'" The *Tongdian* provides the same account.

② 기자조선과 한사군설

마지막에 보면 '기자조선'이 있었던 것처럼 기록해 놓았습니다. 중국 하은주夏殷周 시대의 마지막 나라인 주나라의 무왕이 은나라 말기에 살던 세 사람의 현자 가운데 기자箕子를 동방 조선의 초대 왕으로 임명했다는 것입니다. 단군은 다 사라져 버리고, 조선의 주인이 기자라는 것이지요. 이것을 『삼국유사』에 기록해 놓고 "중국의 문서를 보면, 한나라가 설치한 식민지 군이 세 개가 있다더라"라고 하고는 '무엇이 진실인가?' 하는 의혹을 제기하면서 끝나 버립니다.

주 이 봉 기 자 위 조 선
周以封箕子爲朝鮮.

주나라(무왕)가 기자를 봉하여 조선왕으로 삼았다.

(『삼국유사』「고조선」)

③ 식민사학을 답습하는 강단사학

대한민국의 강단사학자들은 고고학을 근거로 해서 이구동성으로 '국가 건설의 기준은 청동기이다. 대한민국은 청동기 문화가 한 3천 년밖에 안 됐다'라고 말합니다. 그러나 실제로는 청동기 문화가 4,500년 전까지 올라가고, 4,700년 전 황제헌원, 동방의 천자 치우천황 때까지도 거슬러 올라갑니다. 서양에 가보면 5천 년 이전의 청동기 문화가 나오는 곳도 있습니다. 그런데 강단사학에서는 '한국은 청동기 역사가 기껏 3천 년 전후다. 그래서 그 전에는 역사가 성립될 수 없다'라고 주장합니다.

관 자 왈 치 우 수 노 산 지 금　　이 작 오 병
管子曰 蚩尤受盧山之金하야 **而作五兵**이라.
관자에 '치우가 노산의 금을 얻어
다섯 가지 병기를 만들었다'고 하였다.

(『사기색은』,「오제본기五帝本紀」)

'치우가 금속으로 병기를 만들었다'는 기록은 금속 무기의 원조가 치우천황임을 밝히고 있다. 실제로 치우천황이 다스리던 시기인 약 4,700년 전(BCE 27세기)에 동아시아 지역에서는 이미 청동이 사용되고 있었다는 사실이 유물을 통해 밝혀졌다.

요서 지방과 내몽골 일대에서도 하가점 하층문화夏家店下層文化라 불리는 청동기문화가 약 4,400년 전(BCE 24세기)부터 존재했다. 신석기시대 홍산문화紅山文化의 후기 유적인 요령성 건평현 홍산 우하량牛河梁 유적에서도 5,000여 년 전(BCE 3000년 경)에 이미 청동기를 제작하였다는 새로운 사실이 밝혀지고 있다.(편집자 주)

서울 용산에 있는 중앙국립박물관을 가보면, 〈고조선실〉을 작은 사글셋방처럼 꾸며놓고 한반도에서 출토된 청동검과 질그릇 등 도구 몇 개를 진열해 놓았습니다. 여기서 대한민국의 역사 인식이 어느정도인지 분명히 확인할 수 있습니다. 또 중고등학교 역사교과서를 통해서도 우리 한민족의 역사를 한반도 안으로 축

소시켜 놓은 **소한사관**小韓史觀, **반도사관**半島史觀에서 벗어나지 못하고 있습니다.

일본 기후현 미노카모시에는 일본의 근대 학자로 유명한 쓰다 소키치津田左右吉의 기념관이 있습니다. 그가 태어나 살던 집을 역사박물관으로 만들어 놓은 것입니다. 쓰다 소키치가 어느 정도로 공부를 한 근대 사학자인지 잘 알 수 있게 유물을 전시해 놓았습니다.

쓰다 소키치津田左右吉
(1873~1961)

그 쓰다 소키치가, '한반도 남쪽 백제 땅에는 쉰네 개의 소국(성읍국가)이 있었고, 신라 쪽에는 열두 개, 가야에도 열두 개의 소국이 있었다'라고 했습니다. 진수陳壽의 『삼국지三國志』 「동이열전東夷列傳」〈한조漢條〉에 있는 내용을 살짝 따다가 한반도 남부에 일흔여덟 개의 동네 국가가 바글바글했다고 한 것입니다.

서울 국립중앙박물관 고조선실

최초의 국가
고조선

Gojoseon
The First Korean State

히미코卑彌呼 여왕. 2세기 후반, 소국들 간 전쟁에서 야마대국耶馬台國 히미코 여왕이 30여개 나라를 통합함(『삼국지』「위지동이전」)

그러나 당시 일본에는 약 백여 개의 작은 국가가 있었습니다. 그런데 히미코라는 여왕이 근 30여 개를 통합하고, 나중에 4세기 후반에 백제계와 부여계에서 건너간 기마민족, 즉 우리 조상들이 야마토 정권으로 통합했습니다. 그런데 역사 콤플렉스를 가지고 있는 그들은 한민족의 유구한 역사의 뿌리를 보고 충격을 받아서, '한민족을 영구히 지배하기 위해서는 역사의 뿌리를 잘라내야 한다!'고 했습니다. 이것이 초대 통감으로 온 이토 히로부미伊藤博文의 특명입니다.

조금 전에 살펴본 우리 역사의 뿌리를 말살시킨 3인방 가운데 이마니시 류今西龍와 쓰다 소키치의 회심작이 바로 '한민족의 고대국가가 실제

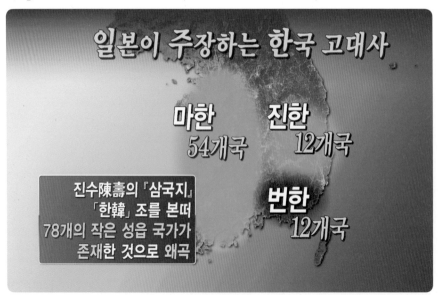

일본이 주장하는 한국 고대사

마한
54개국

진한
12개국

번한
12개국

진수陳壽의 『삼국지』「한韓」조를 본떠 78개의 작은 성읍 국가가 존재한 것으로 왜곡

성립한 것은 4세기에 가서나 가능했다. 한국의 역사는 1,600년이다'라는 것입니다.

그런데 이것도 더 끌어내려서 지금은 AD 5세기, 6세기 쯤에 와서야 비로소 진정한 왕조 국가의 체제를 완비했다고 말하고 있습니다.

동양 삼국의 각기 다른 (고)조선관

① 의도적으로 조작된 조선

기자조선箕子朝鮮이라는 것도 원래 없는 것입니다. 이것은 우리 한민족 역사의 뿌리를 제거하기 위해 하나의 전략으로서 중국이 주장한 것입니다. 기자조선은, 기자가 한반도에 와서 조선의 왕이 되어 다스렸다는 것입니다.

『환단고기』에는 25세 솔나率那단군 때 '기자가 서화西華라는 곳에 와서 은둔했다'라고 했습니다. 자기가 살던 은나라가 망하자 동방 땅 문화 조국으로 와서 은둔생활을 했다는 것입니다. 중국을 답사해 보면 기자는 서화 지역 위아래에서 돌다가 거기서 돌아가셨다는 것을 알 수 있습니다.

중국, 조선 유학자	일제
기자조선	**단군신화**

한민족 역사 뿌리를 제거하기 위한 잘못된 주장

기자의 실체에 대한 진실

_{기 자}　　_{사 거 서 화}　　　_{사 절 인 사}
箕子가 **徙居西華**하야 **謝絶人事**하니라

기자가 서화(중국 하남성)에 살면서 인사를 사절하였다.

－『단군세기』 솔나 37년(BCE1114)

기자묘箕子墓(산동성 조현曹縣) / 기자독서대箕子讀書臺(하남성 서화현西華縣)

단군조선

진한

기자묘

기자 독서대

산동성

하남성　조현

서화

마한

고려에 와서는 '단군보다 기자가 훨씬 더 높은 분이다. 우리에게는 문화의 근원이 되는 분이다' 이렇게 왜곡되었습니다. 또 『조선왕조실록』을 보면 이성계가 역성혁명을 해서 고려 왕조를 무너뜨리고 태조로 등극하는데, 중국을 천자의 나라라 해서 명 태조 주원장朱元璋에게 사절을 보내 "나라 이름을 '조선朝鮮'과 '화령和寧' 가운데 선택하여 윤허를 내려 주옵소서."라고 했습니다.

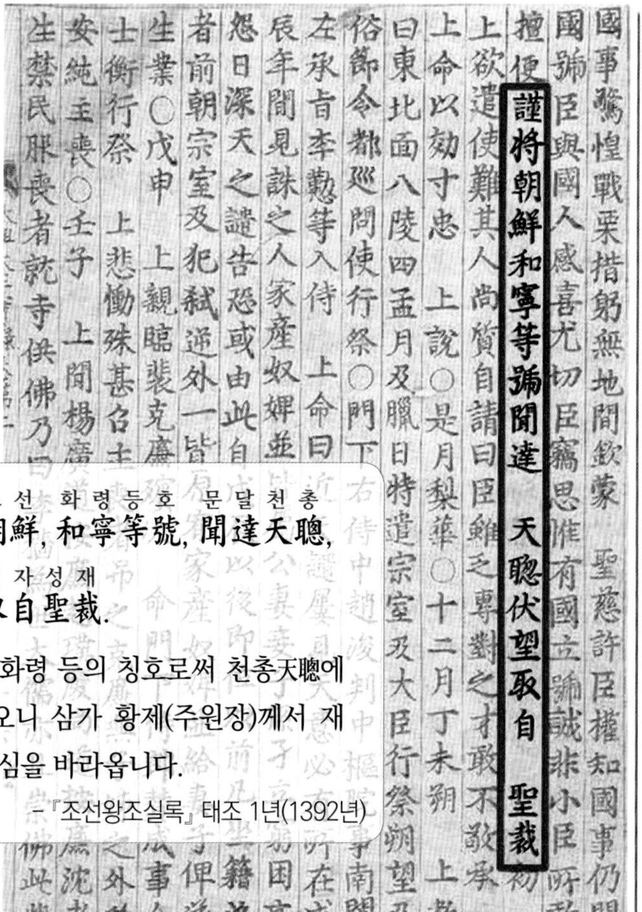

근 장 조 선　화 령 등 호　문 달 천 총
謹將朝鮮, 和寧等號, 聞達天聰,
복 망 취 자 성 재
伏望取自聖裁.

조선과 화령 등의 칭호로써 천총天聰에 주달하오니 삼가 황제(주원장)께서 재가해 주심을 바라옵니다.

– 『조선왕조실록』, 태조 1년(1392년)

또 국서에 '일찍이 기자 시대에도 이미 조선이란 호칭이 있었사옵니다'라고 하면서 조선으로 해 달라고 했습니다. 그러면서 "천자님의 허락이 이렇게도 빨리 시원스럽게 떨어져 특별한 은혜가 사무칩니다."라고 『조선왕조실록』에 기막힌 기록을 남겼습니다.

그리고 매월 초하루와 보름날에 기자에게 제사를 지냈습니다. 1년이면 스물네 번입니다. 그러면서 국조이신 단군왕검께는 봄가을로 두 번 제사를 모셨습니다. 단군왕검을 모시는 사당도 기자보다 3백 년이나 늦게 만들었습니다. 일찍이 고려·조선 왕조

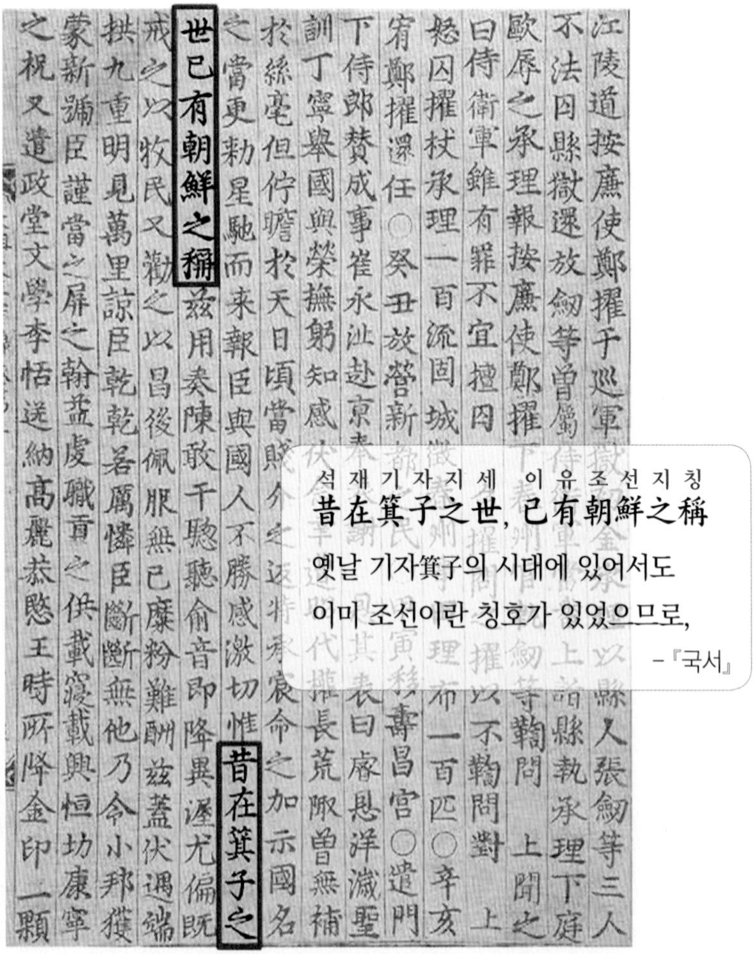

석재기자지세 이유조선지칭
昔在箕子之世, 已有朝鮮之稱
옛날 기자箕子의 시대에 있어서도
이미 조선이란 칭호가 있었으므로,
– 『국서』

시대 동안에 국조 단군왕검을 찬밥신세로 모독한 어두운 역사가 장장 천 년 동안 지속되었습니다.

　근세조선 때 유학 태두泰斗의 경지에 간 **퇴계退溪, 율곡栗谷** 같은 이들이 단군왕검과 우리 시원 역사에 대해서 상상도 못할 소리를 했습니다. **'우리 조선 민족은 옛날부터 야만족으로 무지했는데 기자라는 분이 한반도까지 와서 문자를 가르쳐 줘서 우리가 문명국이 됐다'**는 것입니다. 명나라의 임금님이 우리의 황상이고 명나라가 우리의 천조天朝라고 했습니다.* 지금은 기자조선

평양 단군사당
1425년 건립
(조선 세종)

평양 기자사당
1102년 건립
(고려 숙종)

* 퇴계 이황 : 기자조봉箕子肇封, 근통문자僅通文字. 기자가 봉해지고 나서야 겨우 문자를 통했다. (『대동야승大東野乘』「기묘록별집己卯錄別集」)
율곡 이이 : 기자께서 조선에 이르시어 우리 백성을 천한 오랑캐로 여기지 않고 후하게 길러 주시고 부지런히 가르쳐 주셨다. 우리나라는 기자에게 한없는 은혜를 받았으니 그것을 집집마다 노래하고 사람마다 잘 알아야 할 것이다.(『율곡선생전서栗谷先生全書』「기자실기箕子實記」)

이 우리 역사 교과서에서 사라졌지만, 아직도 중국 공산정권 하의 역사학자들과 대만 학자들은 기자조선을 주장합니다.

조선이라는 말에 대해 중국, 북한, 그리고 대한민국, 일본이 주장하는 개념이 다 다릅니다. **중국에서는 기자조선, 일본에서는 위만조선, 북한에서는 단군조선**을 말합니다. 그런데 **대한민국에서는 단군조선을 신화로 싹 부정**해 버리고, 우리 역사가 한사군, 즉 중국의 식민지에서 시작됐다고 합니다. 이것은 사실 제정신을 차리고 생각해 보면 너무도 기가 막힌 일입니다. 이것이 오늘날 강단사학자들, 대한민국 정부를 대변하는 관변 사학자들, 소위 아카데미 사학자들이 써 놓은 대한민국 시원 역사의 현주소입니다.

한중일의 서로 다른 조선관

중국	일본	북한	남한
기자조선	위만조선	단군조선	단군조선 (신화로 부정)

② 단군조선의 정통 계승국으로 왜곡된 위만조선

이처럼 각기 다른 조선관에서 비롯한 기자조선, 위만조선, 단군조선, 그리고 단군조선 자체를 부정하는 단군조선 신화가 있습니다.

그러면 위만조선은 무엇입니까? 위만衛滿이라는 자가 와서 단군조선의 마지막 왕을 내쫓고 수도 왕검성王儉城을 탈취했는데, 장하게도 그 사람이 단군조선조의 정통 계승자라는 것입니다.

원래 위만은 연燕나라의 장수인 노관盧綰의 부하였습니다. 그
런데 한고조 유방이 죽고 나서 그의 아내 여태후가 공신들을 숙
청할 때, 연나라의 왕으로 임명됐던 노관이 너무 두려워서 흉노
로 도망을 가버렸습니다. 그러자 갈 곳이 없어진 위만은 조선의
왼쪽 날개 번조선의 마지막 왕(75世)인 준왕에게 와서 거두어 달
라고 사정합니다.

　　당시 이미 만주 단군조(진조선=대부여)는 패망을 당한 상태였습
니다. 47세 고열가古列加단군이 정사政事를 버리고 산속으로 들어
가면서 오가五加에게 나라를 공동 경영하게 하였습니다. 그리하
여 6년 간의 공화정 시대가 열리는데, 그때 나온 분이 해모수解慕
漱입니다. 해모수가 대부여大夫餘를 계승하여 만주 지역에 북부여
北扶餘를 건국하였습니다.

노관의 망명과 위만의 투항

선비

북부여

흉노

번조선

막조선

왕험성(창려)

노관 망명
(BCE195)

연燕

위만, 번조선 75세
준왕에게 투항(BCE195)

한漢

북부여의 해모수단군이 임종하기 직전에 번조선의 준왕準王에게 '위만을 절대 받아주지 말아라. 네가 패망한다'고 했습니다. 그런데 준왕이 워낙 착해서, 해모수단군의 말을 안 듣고 위만을 받아들여서는 연나라와의 국경 지역인 상하운장上下雲障을 방비하는 수비대장을 맡겨 버렸습니다. 해가 바뀌자, 몰래 군사를 기른 위만이 왕검성을 기습했습니다. 쫓겨난 준왕은 배를 타고 황해를 건너 군산群山 지역 어래산御來山으로 들어와 한씨韓氏의 조상이 됐다고 합니다.

위만이 번조선의 준왕에게 왔을 때 조선인의 옷을 입고 상투를 틀고 변장을 했는데, 이에 대해 역사학자 이병도는 "위만은 조선족 옷을 입고 상투를 틀었으니 조선 사람이다."라고 했습니다. 그 한마디를 강단사학자들이 그대로 추종해서 '맞소! 옳소!'

번조선 준왕의 이동 경로

번조선

북부여

상하운장

갈석산

왕험성

연燕

(준왕이) 위만에게 속아 패하여 마침내 배를 타고 바다로 가서 돌아오지 않았다
「북부여기」「삼한관경본기」

군산

라고 했습니다. 그래서 위만은 단군조선을 계승한 자라는 것입니다. 바로 이것이 위만조선의 실체입니다. 정확하게 따지고 보면, **위만이 조선 왕조의 왕이 된 것이 아니니 '위만조선'이 아니요, '위만정권' 정도 되는 것**입니다.

　위만은 단군조선의 서쪽 귀퉁이를 잠시 차지하고 있다가 손자 우거右渠 때에 한나라 무제에게 망합니다. 무제는 위만정권이 흉노의 침략 거점이 될 것을 두려워해서 '차제에 이를 아주 없애버리고 동북아 전체 역사를 내가 대통일해야 되겠다'는 야망을 가지고 우거 정권을 공격했습니다. 그런데 그 전쟁이 1년이 가도 결판이 안 났습니다. 그래서 내분책을 이용해서 신하들로 하여금 우거를 죽이게 만들었습니다.

우거의 신하 5명이 제후로 책봉된 적저, 기, 화청, 온양, 평주

한무제의 위만정권 침입(BCE109~BCE108)

③ 한사군 한반도설의 실체

그리고 나서 한 무제가 네 개의 군, 소위 한사군을 설치했다는 것입니다. 왕검성(왕험성)은 창려현昌黎縣에 있었습니다. 지도를 보면 만리장성과 가까운 아래쪽에 낙랑군 수성현遂城縣이 있고, 오른쪽에 만리장성이 시작되는 갈석산碣石山이 있습니다. 그런데 한국의 강단사학자들이 왕검성을 한반도 서북부의 평양에다 갖다 놓습니다. 땅을 뜨는 재주가 있어서 말입니다.

지도를 조작해서 왕검성이 평양에 있었다 하고, 한나라가 왕검성을 공격해서 무너뜨리고 그 주변에 사군四郡을 설치했다는 것입니다.

낙랑군 수성현遂城縣의 위치

만리장성

늘어난 만리장성

갈석산　　산해관

낙랑군 수성현　　왕험성(창려현)

평양

수안군

"수성현遂城縣…지금 황해도 북단에 있는 수안遂安에 비정하고 싶다"

이병도, 『낙랑군고』

樂浪 遂城縣 有碣石山 長城所起

낙랑 수성현에 갈석산이 있는데 만리장성의 기점이다.

（『사기史記』「하본기夏本紀」）

　『수서隋書』「양제본기煬帝本紀」에, 수隋나라 양제煬帝가 고구려를 침략할 때, 특수부대에게 "낙랑, 임둔, 진번, 현도 이 사군四郡을 통과해서 평양을 공격하라."는 특명을 내렸다는 구절*이 있습니다. 낙랑이 지금 북한의 평양이면 수양제의 공격 명령은 말이 되지 않습니다. 수양제의 고구려 공격 경로를 봐서도 한사군은 한반도에 있지 않았습니다. 평양 주변에 낙랑, 임둔, 진번, 현도 등 한나라의 식민지 네 개 군현이 있었다는 것은 분명한 조작입니다. **한사군은 요서 지역에 잠시 있었을 뿐입니다.**

한반도에 위치한 한사군(『아틀라스 한국사』 24쪽)

고구려
현도군
낙랑군
임둔군
진번군
한반도 한사군설 「아틀라스 한국사」 24쪽

---

* "좌군의 제7군은 요동도를 거쳐, 제8군은 현도도, 제9군은 부여도, 제10군은 조선도, 제12군은 낙랑도를 거쳐 평양으로 집결하라.". "우군 제4군은 임둔도, 제11군은 대방도를 거쳐 평양으로 총집결하라." (『수서』「양제본기」)

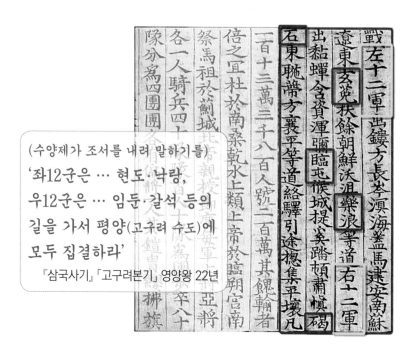

(수양제가 조서를 내려 말하기를)
'좌12군은 … 현도·낙랑,
우12군은 … 임둔·갈석 등의
길을 가서 평양(고구려 수도)에
모두 집결하라'
『삼국사기』「고구려본기」 영양왕 22년

『환단고기』를 보면, 고구려 10세 산상열제山上烈帝 때(CE 197년) 낙랑과 현도를 점령해서 완전히 평정했다는 기록이 있습니다.

낙랑군樂浪郡과 최씨낙랑국崔氏樂浪國

이 낙랑, 임둔, 진번, 현도 등의 한사군 식민지는 한반도에 전혀 있지 않았습니다. 그런데 평양에서 유물이 나왔다고 하고, 그 유물을 가지고 중국의 식민지 군현이 평양 주변, 한반도 북부에 있었다고 주장합니다.

이것은 **낙랑국과 낙랑군*을 구분하지 못해서** 비롯된 것입니다. 고구려 대무신열제大武神烈帝의 아들인 호동 왕자가 사랑한

---

* (3세) 대무신열제大武神烈帝 20년(37), 열제께서 낙랑국을 기습하여 멸하셨다. 이리하여 동압록(지금의 압록강) 이남이 우리(고구려)에게 속하였다. / (10세) 산상제山上帝 원년(197), 아우 계수罽須를 보내어 공손탁公孫度을 쳐부수고, 현도와 낙랑을 쳐서 멸함으로써 요동이 모두 평정되었다. (『태백일사』「고구려국본기」)

여인이 낙랑국의 공주였습니다. 그 낙랑국의 시조는 최숭崔崇인데, 최숭은 왕험성(왕검성) 창려현 쪽에 있었던 낙랑산에 살던 대부호였습니다. 고조선 본조가 망해 버리니까 재산을 다 팔아서 마한(말조선)의 대동강 평양 쪽에 와서 나라를 열었습니다. 그것이 낙랑국(최씨낙랑국)입니다.

낙랑국의 마지막 왕인 최리崔理의 딸 낙랑 공주가 고구려 왕자와 연애를 했는데, 적의 침략을 알리는 북(자명고)을 찢어 버려서 결국 낙랑국이 멸망하고 말았습니다.

낙랑군과 낙랑국은 전혀 다릅니다. **낙랑군 수성현은 만리장성 쪽에 있었고 낙랑국은 한반도 평양 쪽**에 있었습니다. 그런데 지금 강단사학자들이 '식민지 군현 낙랑군은 대동강 평양 부근에 400여 년간 있다가 313년에 고구려에 병합되었다'고 주장합니다.* 이런 논리에 대해, 인하대 융합고고학과 남창희 교수는 이

---

* 서울대 이성규 : "대동강 유역 낙랑군은 313년 고구려에게 병합될 때까지 400여 년간 중국 군현으로서 존속했다."

낙랑국(최씨낙랑국)의 위치

번조선 　 북부여

낙랑산
왕험성(창려) 　 북경 　 최씨낙랑국 평양

낙랑국 | 번조선의 대부호 최숭이
한반도 평양에 도읍하고 세운 나라(BCE195)

렇게 말합니다.

"주류 사학계에서 유물 때문에 낙랑군이 한반도에 있었다고 주장한다. 그런 논리라면 백제 유물이 많이 출토되는 오사카, 나라 지방은 백제 식민지라고 해야 한다. 이것은 논리적 비약에 불과하다."

'유물이 나오는 것만 가지고 그곳을 낙랑군이라 할 수 있나? 일본 오사카 주변에서 백제 유물이 어마어마하게 나온다. 그러면 그곳을 백제 식민지라고 해야 될 것 아니냐!' 왜 그런 주장은 못 하느냐는 말입니다.

지금 '단군조선을 계승한 것은 북부여의 해모수가 아니라 위만이다. 중국의 침략자 위만이 단군조선의 왼쪽 날개인 번조선의 마지막 75세 준왕을 내쫓고 그 나라를 잠시 뺏었는데, 그 침략자 위만이 단군조선의 정통 계승자'라는 것입니다. 그리고 '한무제가 위만정권을 무너뜨리고 그 곳에 세운 한사군이 역사를 계승했'고 합니다. 이것은 천인이 공노할, 한민족 9천 년 역사

낙랑군樂浪郡과 최씨낙랑국樂浪國

북경

낙랑군
낙랑군 수성현

(최씨)낙랑국
한반도 평양

의 조상들이 분노할 수밖에 없는 잘못된 역사관이 아니겠습니까?

1963년 **중국의 전前 총리 주은래周恩來**가 북한 조선과학원 사절단을 만나서 이런 고백을 했습니다. '우리 중국이 대국주의 역사관, 쇼비니즘(국수주의)에 따라 중국 중심의 역사관으로 역사를 서술한 것은 잘못된 것이다. 그리고 그런 **대국주의 사관으로 한국의 고대사를 왜곡하고 심지어 조선족朝鮮族은 기자지후箕子之后라고 덧씌우기를 했다. 이것은 역사왜곡이다**'라고 했습니다.

역사 왜곡의 주제 정리

| 〈동북아역사지도〉의 역사 왜곡 |

지난 4월에 국회가 아주 발칵 뒤집어진 사건이 있었습니다. 국비로 운영하는 동북아역사재단이 문제가 되는 지도책을 발간하려고 한 것입니다. 중국의 복단대학復旦大學 역사학과 주임교수를 지내고, 중국역사지리지연구소 소장을 하던 담기양譚其驤이 얼마

1963년 6월 28일 북한 조선과학원 대표단 20명과 만났을 때의 발언

주은래周恩來(1898~1976)
전 중국 총리

"역사 연대에 대한 두 나라(중국과 한국) 역사학의 일부 기록은 진실에 그다지 부합되지 않는다. 이는 중국 역사학자나 많은 사람들이 대국주의, 대국 쇼비니즘 관점에서 역사를 서술한 것이 주요 원인이며, 그리하여 많은 문제들이 불공정하게 쓰였다. 중국 역사학자들은 어떤 때는 고대사를 왜곡했고, 심지어 조선족은 '기자지후箕子之后'라는 말을 억지로 덧씌우기도 했는데 이것은 역사 왜곡이다."

전에 세상을 떠났는데, 이 양반이 평생 공부한 것을 역사 지도책으로 펴냈습니다. 그런데 동북아역사재단에서 그 지도를 그대로 베낀 것입니다. 그것도 47억이라는 거액의 국가 예산을 써가면서 말이죠.

지도를 보면, 조조曹操의 위魏나라가 한반도의 경기도 남부까지 지배한 것으로 되어 있습니다. 경악을 금치 못할 내용입니다.

담기양譚其驤
(1911~1992).
전 중국 역사지리연구 소장, 전 상해 복단대학 교수, 『중국역사지도집』(중국사화과학원, 중국지도출판사, 1982년) 간행

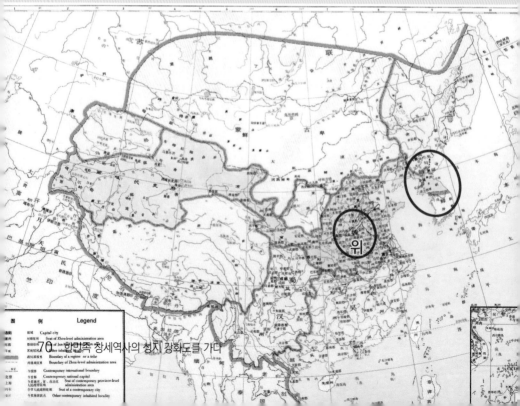

조조의 위나라가 경기도까지 지배한 것으로 표기한 『중국역사지도집』

독도 같은 건 지명도 써놓지 않았습니다. 백제, 신라는 4세기에 있지도 않았고, 그곳에 임나일본부가 엄연히 실존했다는 것입니다.

지금 중국은 북한이 붕괴할 경우 '한강까지 본래 중국의 땅이다' 해서 북한 땅을 차지하려고 합니다. 위만조선, 한사군이 이미 그 근거를 제공했습니다. 만약 UN의 역사 재판소에 소송을 제기한다 할지라도 우리가 그것을 이겨낼 수 있을까요? **대한민국의 강단사학자들, 정부를 대변하는 동북아역사재단에서 국고 수십억을 쓰면서 중국 역사학자의 침략사관을 대변하는 지도를 그린 것입니다.**

국고 47억 원을 들여 대한민국 동북아역사재단이 만든 〈동북아역사지도〉

담기양의 지도집을 표절해
경기도까지 위나라 영토로 그렸다.

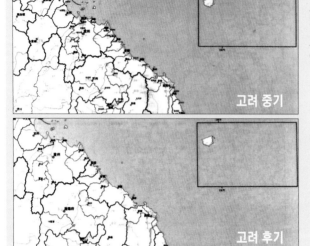

<동북아역사지도>의 고려 중·후기 지도. 100장이 넘는 지도에서 독도를 전혀 표시하지 않았다.

고려 중기

고려 후기

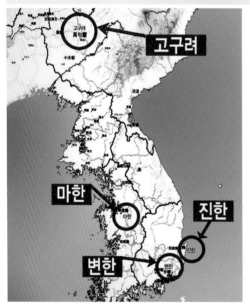

<동북아역사지도>의 4세기경 한반도 지도. 일제 식민사학자들의 주장을 답습하여 백제, 신라를 지워버렸다.

고구려

마한

진한

변한

지금은 역사를 상실한 암흑시대

오늘 한민족은 환국, 배달, 조선의 역사는 말할 것도 없고 삼국시대 초기 역사 4~5백 년마저도 사라진, **역사의 암흑기에** 놓여 있습니다.

중국에서는 5,500년 전의 총묘단塚廟壇*이 있는 홍산문화 유적지에 박물관을 완공해 놓고, **한국의 고대사, 즉 환국, 배달, 조선의 역사를 완전히 뿌리 뽑아 중국화하는 동북공정**이 진행 중입니다. 그야말로 한민족 시원 역사의 어둠의 시간대가 개막된 것입니다. 이제 우리 모두 함께 진실로 깨어나야 합니다. 우리 한민족 모두가 각성해야 합니다. 그리고 이 비상사태에 대해서 다시 한번 크게 뭉치기를 소망합니다.

* 인류 창세 역사의 원형문화인 적석총, 신전(묘), 제단이 150m 길이로 해서 한곳에서 나왔다. 이미 그 시대에 분업화된 국가 단위의 문명국가가 있었음을 보여준다. 2012년 9월에 우하량유지박물관을 준공하였다.

2012년 9월에 준공한 요령성 우하량유지牛河梁遺址 박물관

강화도 마리산 전경

제2부

한민족 9천 년 역사를
바로 세우는
역사 경전
『환단고기』

참성단

『환단고기』의 구성

우리 한민족 역사의 근원과 시원 문화의 뿌리가 완전히 제거당하는 결정적인 운명의 시간, 어둠의 시간대를 맞이한 지금 『환단고기』 사서의 중요성을 다시 한번 되새겨 보겠습니다.

『환단고기』의 구성을 보면, 먼저 **신라 때 안함로**安含老의 「**삼성기**三聖紀」 상, 고려 말 원동중元董仲의 「삼성기」 하**가 있습니다. 우리 연구소에서 조사한 바에 의하면 원동중이라는 분은 태종 이방원(세종의 아버지)의 스승인 원천석元天錫(1330~?)일 가능성이 많다고 합니다. 또 그런 주장을 펴는 학자도 있습니다. 그리고 이곳 강화도에서 **단군조 2천 년 왕조사 틀을 바로 세우신 행촌**杏村 **이암**李嵒(1297~1364) **선생의 『단군세기**檀君世紀』, **복애거사**伏崖居士 **범장**范樟(?~1395)**의『북부여기**北夫餘紀』**가 있습니다.

또 이암 선생의 현손인 **일십당**一十堂 **이맥**李陌(1455~1528) **선생**이 조선 중종 때 실록을 기록하는 찬수관으로서 비밀스럽게 내려오는 모든 문헌을 정리하고, 또 일찍이 충청도 괴산에 귀양을 가서 수집한 내용을 합쳐서 **『태백일사**太白逸史』로 묶었습니다.

환단고기의 구성과 저자

삼성기 상	삼성기 하	단군세기	북부여기	태백일사
안함로 (579~640)	원동중 (?~?)	이암 (1297~1364)	범장 (?~1395)	이맥 (1455~1528)
1책 1권	1책 1권	1책 1권	1책 2권	1책 8권
다섯 분이 쓴 총 5종 13권의 역사서				

『태백일사』에는 한민족 문화를 넘어서 인류 창세 역사 문화의 원형을 전해 주는 「삼신오제본기三神五帝本紀」를 비롯하여 환국의 역사인 「환국본기桓國本紀」, 배달의 「신시본기神市本紀」, 단군조의 「삼한관경본기三韓管境本紀」, 그 다음에 환국, 배달, 조선의 문화 경전 '천부경', '삼일신고' 등을 담은 「소도경전본훈蘇塗經典本訓」 이 있고, 그리고 「고구려국본기高句麗國本紀」, 발해 역사인 「대진국본기大震國本紀」, 「고려국본기高麗國本紀」가 들어 있습니다.

소전거사와 역사 문화 회복의 주인공 3인방

고성이씨固城李氏의 불멸의 업적, 그 중심에는 우리가 잘 아는 소전거사素佺居士라는 분이 있는데, 이분이 우리 역사 문화의 근원을 복원하는 비책祕冊들을 전해 주었습니다.

한민족 역사 문화 정신의 체계를 세우고 그 가르침을 정리해서 **역사 문화를 회복한 3인방**이 있습니다. **「단군세기」를 쓴 행촌 이암, 「북부여기」를 쓴 복애거사 범장, 「진역유기震域留記」를 쓴 이명李茗**입니다. 이분들이 소전거사를 모시고 '우리 역사를 광복하자!' 하고 천지에 맹세를 했습니다.

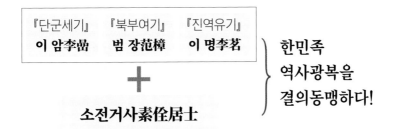

해학 이기와 운초 계연수

그러고 나서 조선 왕조가 패망한 다음 해, 호남 3대 문호의 한 사람인 **해학海鶴 이기李沂**(1848~1909) 선생이 독립운동을 하는 과정에서 위 책들을 감수하고, 그의 애제자 **운초雲樵 계연수桂延壽가 다섯 종의 책을 묶어 '천지광명의 옛 역사 기록', 즉 『환단고기』라 했습니다.**

『환단고기』는 우리 한민족과 인류가 창세 원형문화 시대에 우주광명을 체험하면서 역사를 만들어나간 기록입니다. 『환단고기』를 인식하고, 첫 페이지부터 제대로 읽으려면 역사관이 없으면 안 됩니다. **'우주 광명문화 역사관'이 바탕이 되어야** 우리의 본래 역사 문화를 들여다볼 수 있습니다.

해학 이기李沂(1848~1909)
이맥의 후손. 「단군세기」, 「태백일사」 감수

운초 계연수桂延壽(1864~1920)

이존비李尊庇의 역사 정신

『환단고기』는 그냥 나온 것이 아닙니다. 그 중심에는 고성이씨 문중의 대부라 할 수 있는 고려 말의 행촌 이암이 있었습니다. 이암의 할아버지 이존비李尊庇(1233~1287) 선생이 고려 25세 충렬왕에게 이렇게 진언했습니다. "우리나라는 환국, 배달, 조선과 북부여, 고구려 이래로 모두 부강했습니다. 우리 고려의 시조 왕 건께서도 칭제건원稱帝建元 했습니다." 독자 연호를 쓰고, 황제라고 호칭했다는 말입니다. "그런데 지금은 사대주의가 국시가 되어, 군신 상하가 이를 수치로 여기지 않습니다. 어찌 후세에 조롱거리가 되지 않겠습니까?"라고 하였습니다.

이런 할아버지의 가르침, 즉 환단, 천지광명의 문화의식이 할아버지로부터 아버지에게로, 그리고 이암 선생에게 전수된 것입니다. 이암은 10대 때 마리산 참성단에 올라 옛 조선 땅을 내려다보면서 "누가 이 동방의 어두운 땅에 새로운 횃불을 붙일 수 있겠는가? 내가 이제부터 동방의 평화를 바로 세우리라."는 시를 읊으며, 하늘땅과 더불어서 맹세하였습니다.

문희공 이존비李尊庇(1233~1287)를 모신 유호재(충북 문의면). 이존비는 고려 후기 무신으로 행촌 이암의 조부이다.

이존비가 25세 충렬왕에게 올린 진언

"우리나라는 환단桓檀(환국·배달)·조선·북부여·고구려 이래로 모두 부강하였고 자주自主를 유지하였습니다. 또 연호를 정하고 황제라 칭한 일은 우리 태조(왕건) 때에 이르러서도 일찍이 실행하였으나 지금은 사대事大의 주장이 국시로 정해져 군신 상하가 굴욕을 달갑게 받아들이고 … 천하 후세의 비웃음은 어찌하겠사옵니까?"

(『태백일사』「고려국본기」)

행촌이 10세 때 마리산 참성단에서 읊은 시

숙 장 촉 갈 혼 구 지
孰將燭喝昏衢志

그 누가 어두운 동방의 땅을 밝게 비출 것인가

구 아 자 금 천 하 안
求我自今天下安

내가 이제 동방 천하의 평안을 구하리라

동방 천자의 나라, 단군조선

단군조선의 2,096년 삼왕조三王朝 역사

본론의 둘째 이야기, '동방 천자의 나라 단군조선'으로 들어가 보겠습니다. 전체 단군조의 역사는 2,096년이고, 마흔일곱 분 단군이 다스렸습니다. 그 이전은 환웅천황의 신시 배달이었는데, 도읍은 신시神市이고 나라 이름은 밝은 땅, 배달倍達이었습니다. 열여덟 분의 환웅천황이 1,565년 동안 다스렸습니다.

배달 초기에는 신시에 수도를 두었고, 후기 14세 자오지慈烏支 환웅천황, 즉 치우천황이 청구靑邱라는 곳으로 도읍지를 옮겼습니다. 그래서 **전기를 '신시 시대', 후기를 '청구 시대'**라 부릅니다.

배달 이전에 천산산맥의 동쪽, 바이칼 호수 오른쪽을 경계로 해서 펼쳐졌던 환국 열두 나라의 시대, 일곱 분의 환인이 3,301년을 다스린 무병장수문명 시대가 있었습니다.

환국 - 배달 - 조선 시대를 합하면, 40년 부족한 7천 년입니다. 우리는 한민족과 인류 황금시절의 원형문화 시대, 이 7천 년 역사를 송두리째 잃어버렸습니다. 그리고 전 세계의 모든 역사 교과서에 고조선은 '완전한 신화'의 역사로 매겨져서 철저하게 부정당하는 절망의 시기에 살고 있는 것입니다.

환국 3,301년	**배달** 1,565년	**조선** 2,096년
총 역년 6,960년(40년 부족한 7천 년!)		

한민족과 인류 황금시절의 원형문화 시대
7천 년 역사문화 시대를 송두리째 잃어버렸다!

국조 단군왕검

단군왕검은 어떤 분인지 한번 간단히 정리를 해 보겠습니다.
『환단고기』에 실린, 행촌 이암 선생이 쓰신 「단군세기」 첫 페이
지를 딱 넘기면, '어떻게 이걸 다 믿을 수 있을까?' 할 정도로 그
역대기가 너무도 자세히 쓰여 있습니다. 예를 들면, '단군왕검은
신묘년 5월 2일에 태어나셨다. 환웅천황이 백두산 신시에 나라
를 세운 첫 개천절로부터 1,528년이 되던 해다. 열네 살 때, 대읍
국大邑國의 국사를 맡아보았다'라고 하였습니다.

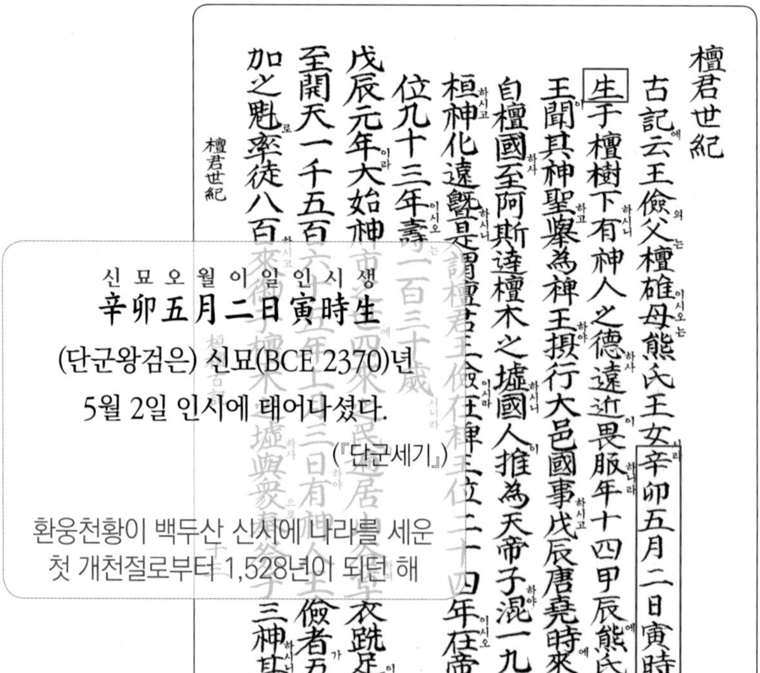

신묘오월이일인시생
辛卯五月二日寅時生
(단군왕검은) 신묘(BCE 2370)년
5월 2일 인시에 태어나셨다.

(『단군세기』)

환웅천황이 백두산 신시에 나라를 세운
첫 개천절로부터 1,528년이 되던 해

그러면 어떻게 열네 살 나이에 부왕副王으로서 나라의 정사政事를 돌볼 수 있었을까요? 바로 이것이 단군왕검의 통치력과 인간적 심성을 엿볼 수 있는 아주 중요한 대목입니다. 『환단고기』에는 "일산일수위일국一山一水爲一國이라, 물 하나 끼고 산을 하나 끼면 나라가 될 수 있었다"라고 했습니다. 이것이 역사학에서 말하는 부족국가, 성읍城邑국가입니다.

그때 나라를 다스리는 군장, 임금을 왕검王儉이라 불렀습니다. 그래서 왕검은 수백 명, 수천 명이 됩니다. 그런데 어느 날 갑자기 동방에서 '신인神人 왕검'이 나타났습니다.

그러면 신인 왕검이란 어떤 분일까요?

'신인 왕검'이라는 말의 정확한 뜻은, '환국, 배달의 천지 우주 광명의 심법이 열린 왕검'이라는 뜻입니다. 그만큼 심법과 영대가 통명通明했기 때문에, 그 주변에 있는 나라 사람들이 그분의 신성함을 듣고 찾아가 가르침을 베풀어 달라고 하며 단군조에 합류하기를 원했습니다.

38세 때, 단국檀國의 웅씨熊氏 왕이 전쟁에 나갔다가 죽음을 맞자, 왕검께서 백성들의 인망을 얻어 왕으로 등극하셨는데 그 해가 바로 무진戊辰(BCE 2333)년입니다. 단군왕검은 신교 시대의 삼신문화, 신의 우주 창조 법칙인 3수 원리로 국가를 경영하고 통치한, 인류 창세 역사의 정치 시스템을 가지고 왕도문화를 세운 분입니다.

단군은 주제지장主祭之長, 곧 하늘에 제사 지내는 것을 주관하는 어른, 제사장이고, 왕검은 관경管境, 곧 국가 영토를 관장하는 군주를 말합니다.

단군왕검檀君王儉

38세 때 단국檀國 백성들의 인망을 얻어 초대 단군으로 등극
(무진년, BCE 2333년)

단군檀君	주제지장主祭之長 제사를 주관하는 제사장
왕검王儉	관경지장管境之長 국가 영토를 관장하는 군주

『태백일사』「신시본기」

　그런데 이 단군이라는 말은 원래 하늘, 하느님, 신을 상징하는 말인 '텡그리Dengri'에서 왔습니다. 서양 문명의 근원, 기독교 문명의 고향은 수메르 문명입니다. 환국 사람들이 약 8천 년 전부터 천산天山을 넘어갔는데, 한 6천 년 전에 가장 많이 넘어갔다고

알려져 있습니다. **그 수메르 사람들이 이 텡그리를 '딩이르**Dingir**'** 라 했습니다. 몽골어로 텡그리, 한국어로 뎅그리Dengri인데, 그게 **하느님, 하늘, 신**을 말합니다. **단군이란 바로 하나님, 신의 신성 을 가진 분**이라는 의미가 됩니다.

수메르어	딩이르 Dingir	하느님
몽골어	텡그리 Tengri	하늘
한국어	뎅그리 Dengri	신

삼왕조三王朝로 전개된 단군조선

단군왕검은 우주 창조의 근본 법칙인 **'3수 원리'로 나라를 경 영**했는데, 그것을 **'삼한관경제三韓管境制'**라고 합니다. 삼한관경제 는 국가 경영의 기본 시스템으로서, 영토를 셋으로 나누어 다스

단군왕검의 국가 경영 기본 시스템
나라를 셋으로 나눠 통치한 삼한관경제

렸던 것입니다. 광활한 만주지역이 진한眞韓(중기 이후에는 진조선)으로 수도는 하얼빈 아사달이고, 한반도 전체는 마한馬韓으로 수도는 평양 백아강伯牙岡이고, 그 다음에 요서 지역은 번한番韓으로 수도는 안덕향安德鄉이었습니다. 안덕향은 1976년에 대지진이 났던 당산唐山입니다.

이 진한, 번한, 마한이 삼한三韓이고, 수도가 셋인 삼경三京입니다. 신라 때만 해도 오경五京이 있었습니다. 대진국(발해)도 오경을 두었습니다. 그런데 그 근원은 무엇일까요?

『환단고기』「삼신오제본기三神五帝本紀」를 보면, '우주의 조물주 삼신三神이 있고, 이것이 우주의 시간 공간의 구조를 가지면서 춘하추동 동서남북과 중앙을 다스리는 오제五帝가 있다'는 우주 창조의 드라마가 나옵니다. **삼신과 다섯 제왕신(오제)의 시스템**으로 우주가 열려서, 지금 이 순간에도 둥글어 가는 것입니다.

삼신三神과 오제五帝, 이것이 우주관으로 전개될 때는 바로 삼신과 오행五行입니다. 여기서 오행이라는 것은 단순히 자연을 구성하는 다섯 가지 기본 요소인 수水, 목木, 화火, 토土, 금金이 아니라, 우주의 다섯 성령인 오령五靈입니다. 그래서 『환단고기』에서는 거기에다 클 태太 자를 붙였습니다. 태수太水, 그냥 물이 아니라는 것입니다. 그 다음에 태목, 태화, 태토, 태금, 이렇게 정의하고 있습니다.

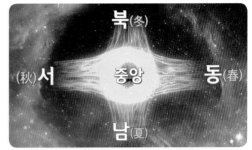

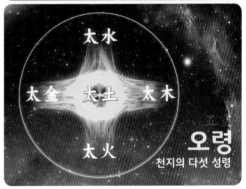

그래서 **오행 사상도 원래 신교의 우주관**입니다. 인류 창세 문화의 원전인 『환단고기』에서는 그 후대에 부르는 오행이 아니라 바로 다섯 성령, 오령이라는 놀라운 이야기를 하고 있습니다. 이런 삼신 오제와 오령 사상에 근거해서 나라를 나누고, 수도를 셋(삼경)으로 또는 다섯(오경)으로 해서 다스렸던 것입니다.

① 「서효사」에 나타난 삼한관경제

6세 단군 달문達門 때 「서효사誓效詞」를 지어서 하늘에 고했는데 이 「서효사」를 일명 「신지비사神誌祕詞」라고도 합니다. 이것을 중국의 도학자들이나 공부 좀 한 사람들이 가져다가 여러 가지 비결로 만들어 유포했습니다. 자, 「서효사」를 함께 보기로 하겠습니다.

6세 단군 달문達門
(재위 BCE 2083~BCE 1986)

동방 한민족의 역사와 문화정신을 노래한 대서사시 「서효사誓效詞」

조 광 선 수 지	삼 신 혁 세 림
朝光先受地에	**三神赫世臨**이로다
환 인 출 상 선	수 덕 굉 차 심
桓因出象先하사	**樹德宏且深**이로다

아침 햇빛 먼저 받는 이 땅에 삼신께서 밝게 세상에 임하시도다.
환인께서 삼신의 도를 먼저 여셔서 덕을 베푸심이 크고도 깊도다.

◉　◉　◉

제 신 의 견 웅	승 조 시 개 천
諸神議遣雄하사	**承詔始開天**이로다
치 우 기 청 구	만 고 진 무 성
蚩尤起青邱하시니	**萬古振武聲**이로다
회 대 개 귀 왕	천 하 막 능 침
淮岱皆歸王하니	**天下莫能侵**이로다

모든 신성한 이들이 의논하여 환웅을 보내시니
환웅께서 환인천제의 명을 받들어 처음으로 나라를 여셨도다.
치우천황께서 청구를 일으키시어 만고에 무용을 떨치셨도다.

회수, 태산 모두 천황께 귀순하니
천하에 그 누구도 침범할 수 없었도다.

❁ ❁ ❁

왕 검 수 대 명　　　　환 성 동 구 환
王儉受大命하시니　**懽聲動九桓**이로다

어 수 민 기 소　　　　초 풍 덕 화 신
魚水民其蘇오　　　**草風德化新**이로다

원 자 선 해 원　　　　병 자 선 거 병
怨者先解怨이오　**病者先去病**이로다

일 심 존 인 효　　　　사 해 진 광 명
一心存仁孝하시니　**四海盡光明**이로다

단군왕검께서 하늘의 명을 받으시니
기뻐하는 소리가 구환을 움직였도다.
물고기가 물을 만난 듯 백성이 소생하고
바람이 풀을 스치듯 단군왕검의 덕화가 날로 새로웠도다.
원망하는 자는 먼저 원을 풀어주고
병든 자는 먼저 병을 고치셨도다.
일심으로 어짊과 효를 지니시니
온 천하가 삼신상제님의 광명으로 충만하도다.

❁ ❁ ❁

진 한 진 국 중　　　　치 도 함 유 신
眞韓鎭國中하니　**治道咸維新**이로다

모 한 보 기 좌　　　　번 한 공 기 남
慕韓保其左하고　**番韓控其南**이로다

참 암 위 사 벽　　　　성 주 행 신 경
巉岩圍四壁하니　**聖主幸新京**이로다

진한이 삼한의 중심을 굳게 지키니 정치의 도가 다 새로워지도다.
모한(마한)은 왼쪽을 지키고 번한은 남쪽을 제압하도다.
험준한 바위가 사방을 에워쌌는데
거룩하신 임금께서 새 수도에 납시도다.

여 칭 추 극 기
如秤錘極器하니

극 기 백 아 강
極器白牙岡이오

칭 간 소 밀 랑
秤幹蘇密浪이오

추 자 안 덕 향
錘者安德鄕이로다

수 미 균 평 위
首尾均平位하야

뇌 덕 호 신 정
賴德護神精이로다

삼경이 저울대, 저울추, 저울판 같으니
저울판은 마한 수도 백아강이요
저울대는 진한 수도 소밀랑이요
저울추는 번한 수도 안덕향이로다.
머리와 꼬리가 함께 균형을 이루어서
임금의 덕에 힘입어 삼신의 정기를 잘 간직하도다.

◉　　◉　　◉

흥 방 보 태 평
興邦保太平하야

조 항 칠 십 국
朝降七十國이로다

영 보 삼 한 의
永保三韓義라야

왕 업 유 흥 륭
王業有興隆이로다

흥 폐 막 위 설
興廢莫爲說하라

성 재 사 천 신
誠在事天神이로다

나라를 흥성시켜 태평성대를 이루니 일흔 나라가 조회하도다.
삼한의 근본정신을 영원히 보전해야 왕업이 흥륭하리로다.
나라의 흥망을 말하지 말지니
진실로 삼신상제님을 섬기는 데 달려 있도다.

「서효사」는 한민족이 9천 년 동안 섬겨온 천지의 주관자이신 삼신상제님께 천제를 올리고, 우주 원형문화인 신교의 삼신 우주관으로 나라를 잘 다스려서 만세토록 영화와 평화가 깃들기를 축원한 글입니다.

② 삼한의 수도 변천 과정

　지도에서 보는 바와 같이 단군조선은 삼신 우주관을 바탕으로
나라를 셋으로 나눠서 경영했습니다. 그 세 곳의 수도가 각각 **저
울대, 저울추, 저울판**과 같은 역할을 한다는 것입니다. 저울추가
이동하면 균형이 달라지잖아요. 가장 민감하죠. 그렇듯이 현실
적인 정치 판도의 변화를 민감하게 보여준 것이 바로 저 요서 지
역에 있는 저울추 역할을 한 번한, 후일의 번조선입니다. 중국에
서 동북아를 침략할 때 반드시 통과해야 하는 결정적 관문이 탕
지보湯池堡인 안덕향입니다. 그 다음에 저울판 마한의 수도는 백
아강, 즉 평양으로 처음부터 끝까지 일관되게 유지했습니다. 그
리고 단군조의 원 사령탑 본조本朝인 만주의 진한은 첫 번째 수
도인 하얼빈에서 두 번째 수도 백악산 장춘으로 옮기고, 세 번째

삼신 우주관으로 국가를 경영하면서 삼한의 수도를 저울대, 저울추, 저울판에 비유

에는 장당경 개원으로 천도하였습니다.

한민족의 역사를 영원히 말살하려 한 이토 히로부미伊藤博文가 동북아 역사의 심장부인 단군조 하얼빈에서 안중근 의사의 총탄 세 발을 맞고 넘어갔습니다. 그 소밀랑 하얼빈이 바로 저울대입니다.

조금 전에 삼신 우주관으로 나라를 통치한, 삼한관경제라는 국가 통치 경영에 대해서 살펴본 바 있습니다. 이 우주의 조화주 하나님, 삼신상제님께 천제를 올리면서 서원한 동방 창업의 역사, 그 번영의 도, 그 비결이 무엇일까요? 인류 역사에서 **단군조처럼 2천 년간 나라가 지속된, 역년이 이처럼 긴 왕조**는 별로 없습니다. 로마 역사를 한 2천 년으로 잡고, 이집트 역사를 2천 년 왕조사로 삼는데, 우리 환국이나 조선처럼 제대로 지속되지는 않았습니다.

삼신 문화를 상징하는 단군조선의 세 수도 삼경의 균형이 유지되면 나라가 강성하고 번영이 지속되지만, 이 균형이 흔들릴 때는 국가의 존망이 위태롭다는 것입니다. 이러한 내용을 담아 6세 달문 단군이 백성들과 함께 각성하는 축원문, 발원문을 지은 것이 저 유명한 「서효사」입니다. 『고려사』「김위제전金謂磾傳」에 이러한 내용의 골격이 실려 있고, 조선시대 때 이익李瀷의 『성호사설星湖僿說』「천지문」에도 그 내용의 일부가 언급되었습니다.

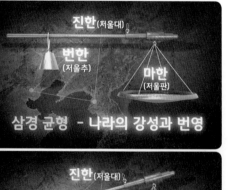

삼경 균형 - 나라의 강성과 번영

삼경 불균형 - 국가의 존망 위태

우 인 신 지 비 사 왈 여 칭 추 극 기 칭 간 부 소 량
又引神誌秘詞曰 如秤錘極器 秤幹扶踈梁

추 자 오 덕 지 극 기 백 아 강 차 이 칭 유 삼 경 야
錘者五德地 極器百牙岡 此以秤論三京也

또 『신지비사』를 인용하여 말하기를 (단군조선의 삼한은) 칭·추·극기와 같으니, 칭간(저울대)은 부소량이요, 추자(저울추)는 오덕지요, 극기(저울판)는 백아강이니 이것은 저울로써 삼경을 비유한 것이다.

(이익 『성호사설』 「천지문」)

『고려사』「김위제전」이 전하는 〈신지비사神誌祕詞〉

신 지 비 사 　 왈 여 칭 추 극 기 　 칭 간 부 소 량
神誌祕詞에 **曰 如秤錘極器**하니 **秤幹扶踈樑**이오

추 자 오 덕 지 　 극 기 백 아 강
錘者五德地오 **極器百牙岡**이로다

조 항 칠 십 국 　 뇌 덕 호 신 정 　 수 미 균 평 위
朝降七十國하야 **賴德護神精**하고 **首尾均平位**하면

흥 방 보 대 평 　 약 폐 삼 유 지 　 왕 업 유 쇠 경
興邦保大平이오 **若廢三諭地**하면 **王業有衰傾**이로다

차 　 이 칭 유 삼 경 야
此는 **以秤論三京也**니이다

『신지비사』에서 말하기를 "저울대, 저울추, 저울판과 같으니, 저울대를 부소량, 저울추를 오덕지, 저울판을 백아강으로 하면 일흔 나라가 조공하여 복종할 것이요, 그 덕德에 힘입어 신정神精을 보호하고, 머리와 꼬리가 균형을 이루게 하면 나라가 흥하여 태평을 보전할 것이오, 만약 삼유三諭의 땅을 폐하면 왕업王業이 쇠하여 기울어질 것이다."라고 하였사옵니다. 이것은 저울로 삼경三京을 비유한 것이옵니다.

극 기 자 　 수 야 　 추 자 　 미 야 　 칭 간 자 　 제 강 지 처 야
極器者는 **首也**오 **錘者**는 **尾也**오 **秤幹者**는 **提綱之處也**니

송악 위부소 이유칭간 서경 위백아강
松嶽은 爲扶踈로 以諭秤幹하고 西京은 爲白牙岡으로

이유칭수 삼각산남 위오덕구 이유칭추
以諭秤首하고 三角山南은 爲五德丘로 以諭秤錘라

저울판은 머리요, 저울추는 꼬리요, 저울대는 버리가 되는 곳이옵니다.
송악은 부소로서 저울대에 비유되고, 서경은 백아강으로서 저울
에 비유되며, 삼각산의 남쪽은 오덕구로서 저울추에 비유되옵니
다.

오덕자 중유면악 위원형토덕야
五德者는 中有面嶽하니 爲圓形土德也오

북유감악 위곡형수덕야 남유관악
北有紺嶽하니 爲曲形水德也오 南有冠嶽하니

첨예화덕야 동유양주남행산 직형목덕야
尖銳火德也오 東有楊州南行山하니 直形木德也오

서유수주북악 방형금덕야
西有樹州北嶽하니 方形金德也니

차 역합어도선삼경지의야
此亦合於道詵三京之意也니이다

오덕五德이란, 가운데에는 면악산이 있어 둥근 형태[圓形]로서 토
덕土德이요, 북쪽으로는 감악산이 있어 굽은 형태[曲形]로서 수덕
水德이요, 남쪽으로는 관악산이 있어 뾰족한 형태[尖銳]로서 화
덕火德이요, 동쪽으로는 양주의 남행산이 있어 곧은 형태[直形]로
서 목덕木德이요, 서쪽으로는 수주의 북악산이 있어 네모 형태
[方形]로서 금덕金德이옵니다.
이것도 도선道詵이 말한 삼경三京의 뜻에 부합하옵니다.

금 국가유중경 서경 이남경궐언
今國家有中京·西京이나 而南京闕焉하니

복망 어삼각산남 목멱북평
伏望컨대 於三角山南·木覓北平에

건립도성 이시순주
建立都城하야 以時巡駐하소서

차 실 관 사 직 흥 쇠　　신 간 모 기 휘　　근 록 신 주
此實關社稷興衰하야 **臣干冒忌諱**하야 **謹錄申奏**하노이다.

지금 우리나라에는 중경과 서경은 있으나 남경은 빠져 있사옵니다.
엎드려 바라옵건대, 삼각산의 남쪽과 목멱의 북쪽 사이의 평지
에 도성을 건설하여 때때로 순행하여 머무시옵소서[巡駐].
이는 실로 사직社稷의 흥망에 관련되어 신이 금기를 범하고 삼가
기록하여 아뢰옵니다.

어 시　　일 자 문 상　　종 이 화 지
於是에 **日者文象**이 **從而和之**하고
예 종 시 은 원 중　　역 이 도 선 설　　상 서 언 지
睿宗時殷元中도 **亦以道詵說**로 **上書言之**하니라

이에 일자日者(점치는 관원) 문상文象이 그 말을 좇아 화답하였
다. 예종 때에 은원중도 도선의 말로 상서上書하여 아뢰었다.

마흔일곱 분 단군왕검의 치적

이제 역대 단군왕검들의 주요 치적을 한번 정리해 보겠습니다.

| 시조 단군왕검 |

시조 단군왕검은 38세 되시던 무진(戊辰, 환
기 4865, 신시개천 1565, 단기 원년, BCE 2333)년에
즉위하셨습니다. 제일 먼저 환국과 배달로부
터 전수받은 우주광명의 홍익인간 심법을 어
떻게 백성들의 생활 속에 실현할 것인지 생
각하시고 팔조교八條教를 제정하셨습니다. 그
외에 강화도 마리산에 제천단을 쌓게 하셨는
데, 지금의 참성단塹城壇이 그것입니다. 그때

시조 단군왕검
(BCE 2370~BCE 2241)

가 재위 51년 되시던 무오(戊午, 단기 51, BCE 2283)년이었습니다.

또 중국의 국가 운명이 무너지는 동북아 9년 대홍수 때, 맏아들 부루 태자를 도산塗山으로 보내어 오행치수법五行治水法을 우나라 사공司空 우禹에게 전해 치수를 하게 하여, 요순시대에 이어 하夏 왕조가 건국되는 운수를 열어주셨습니다.

치수 중인 우禹
1세 단군왕검 재위 67년(BCE2267), 고대 중국의 운명이 무너지던 9년 홍수 때 '오행치수법'을 맏아들 부루夫婁를 통해 우禹에게 전하여 요순시대 다음 하夏 왕조가 건국되는 운수를 열어줌.

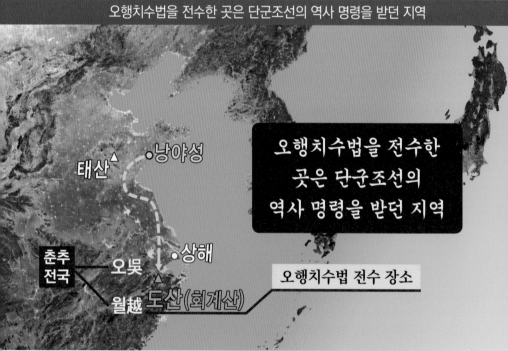

오행치수법을 전수한 곳은 단군조선의 역사 명령을 받던 지역

오행치수법을 전수한 곳은 단군조선의 역사 명령을 받던 지역

태산

낭야성

춘추 전국

오吳

상해

월越

도산(회계산)

오행치수법 전수 장소

갑술육십칠년　　　제견태자부루　　　여우사공
甲戌六十七年이라 帝遣太子扶婁하사 與虞司空으로

회우도산　　　　태자　전오행치수지법
會于塗山하실새 太子가 傳五行治水之法하시고

감정국계　　　유영이주　　속아　　정회대제후
勘定國界하시니 幽營二州가 屬我오 定淮岱諸侯하사

치분조이리지　　　사우순　　감기사
置分朝以理之하실새 使虞舜으로 監其事하시니라.

재위 67년 갑술(단기 67, BCE 2267)년에 왕검께서 태자 부루扶
婁를 보내어 우순虞舜(순임금)이 보낸 사공司空(우禹를 말함)과
도산塗山에서 만나게 하셨다. 태자께서 '오행의 원리로 물을 다
스리는 법[五行治水之法]'을 전하시고, 나라의 경계를 살펴 정하시
니 유주幽州·영주營州 두 주가 우리 영토에 귀속되고, 회수와 태
산 지역의 제 후들을 평정하여 분조分朝를 두어 다스리실 때 우
순을 시켜 그 일을 감독하게 하셨다.

(『단군세기』)

갑술　　태자부루　　이명　　　왕사도산
甲戌에 太子扶婁가 以命으로 徃使塗山할새

노차낭야　　　유거반월　　　청문민정
路次琅邪하야 留居半月하야 聽聞民情하니

우순　역솔사악　　보치수제사
虞舜이 亦率四岳하야 報治水諸事하니라

갑술(단기 67, BCE 2267)년에, 부루태자가 명을 받고 특사로 도산
에 갈 때 도중에 낭야에 들러 반 달 동안 머무르며 백성의 사정을 묻
고 들었다. 이때 우순이 사악四岳을 거느리고 치수에 대한 모든 일을
보고하였다.

(『태백일사』「삼한관경본기」번한세가)

<ruby>太<rt>태</rt></ruby>子가 <ruby>至<rt>지</rt></ruby><ruby>塗<rt>도</rt></ruby><ruby>山<rt>산</rt></ruby>하사 <ruby>主<rt>주</rt></ruby><ruby>理<rt>리</rt></ruby> <ruby>乃<rt>내</rt></ruby><ruby>會<rt>회</rt></ruby>하실새

<ruby>因<rt>인</rt></ruby><ruby>番<rt>번</rt></ruby><ruby>韓<rt>한</rt></ruby>하사 <ruby>告<rt>고</rt></ruby><ruby>虞<rt>우</rt></ruby><ruby>司<rt>사</rt></ruby><ruby>空<rt>공</rt></ruby><ruby>曰<rt>왈</rt></ruby> <ruby>予<rt>여</rt></ruby>는 <ruby>北<rt>북</rt></ruby><ruby>極<rt>극</rt></ruby><ruby>水<rt>수</rt></ruby><ruby>精<rt>정</rt></ruby><ruby>子<rt>자</rt></ruby><ruby>也<rt>야</rt></ruby>라

<ruby>汝<rt>여</rt></ruby><ruby>后<rt>후</rt></ruby><ruby>請<rt>청</rt></ruby><ruby>予<rt>여</rt></ruby>하야 <ruby>以<rt>이</rt></ruby><ruby>欲<rt>욕</rt></ruby><ruby>導<rt>도</rt></ruby><ruby>治<rt>치</rt></ruby><ruby>水<rt>수</rt></ruby><ruby>土<rt>토</rt></ruby>하야 <ruby>拯<rt>증</rt></ruby><ruby>救<rt>구</rt></ruby><ruby>百<rt>백</rt></ruby><ruby>姓<rt>성</rt></ruby>일새

<ruby>三<rt>삼</rt></ruby><ruby>神<rt>신</rt></ruby><ruby>上<rt>상</rt></ruby><ruby>帝<rt>제</rt></ruby>가 <ruby>悅<rt>열</rt></ruby><ruby>予<rt>여</rt></ruby><ruby>往<rt>왕</rt></ruby><ruby>助<rt>조</rt></ruby><ruby>故<rt>고</rt></ruby>로 <ruby>來<rt>내</rt></ruby><ruby>也<rt>야</rt></ruby>라

태자가 도산에 도착하여 주장[主理]의 자격으로 회의를 주관하실 때, 번한 왕을 통해 우사공虞司空에게 말씀하셨다.

"나는 북극수의정기를 타고난 아들이니라. 너희 임금(순임금)이 나에게 수토水土를 다스려 백성을 구해 주기를 청원하니, 삼신상제님께서 내가 가서 도와 주는 것을 기뻐하시므로 왔노라."

<ruby>虞<rt>우</rt></ruby><ruby>司<rt>사</rt></ruby><ruby>空<rt>공</rt></ruby>이 <ruby>三<rt>삼</rt></ruby><ruby>六<rt>육</rt></ruby><ruby>九<rt>구</rt></ruby><ruby>拜<rt>배</rt></ruby><ruby>而<rt>이</rt></ruby><ruby>進<rt>진</rt></ruby>… <ruby>勤<rt>근</rt></ruby><ruby>行<rt>행</rt></ruby><ruby>天<rt>천</rt></ruby><ruby>帝<rt>제</rt></ruby><ruby>子<rt>자</rt></ruby><ruby>之<rt>지</rt></ruby><ruby>命<rt>명</rt></ruby>이오

<ruby>佐<rt>좌</rt></ruby><ruby>我<rt>아</rt></ruby><ruby>虞<rt>우</rt></ruby><ruby>舜<rt>순</rt></ruby><ruby>開<rt>개</rt></ruby><ruby>泰<rt>태</rt></ruby><ruby>之<rt>지</rt></ruby><ruby>政<rt>정</rt></ruby>하야 <ruby>以<rt>이</rt></ruby><ruby>報<rt>보</rt></ruby><ruby>三<rt>삼</rt></ruby><ruby>神<rt>신</rt></ruby><ruby>允<rt>윤</rt></ruby><ruby>悅<rt>열</rt></ruby><ruby>之<rt>지</rt></ruby><ruby>至<rt>지</rt></ruby><ruby>焉<rt>언</rt></ruby>호리이다.

<ruby>自<rt>자</rt></ruby><ruby>太<rt>태</rt></ruby><ruby>子<rt>자</rt></ruby><ruby>夫<rt>부</rt></ruby><ruby>婁<rt>루</rt></ruby>로 <ruby>受<rt>수</rt></ruby><ruby>金<rt>금</rt></ruby><ruby>簡<rt>간</rt></ruby><ruby>玉<rt>옥</rt></ruby><ruby>牒<rt>첩</rt></ruby>하니 <ruby>蓋<rt>개</rt></ruby><ruby>五<rt>오</rt></ruby><ruby>行<rt>행</rt></ruby><ruby>治<rt>치</rt></ruby><ruby>水<rt>수</rt></ruby><ruby>之<rt>지</rt></ruby><ruby>要<rt>요</rt></ruby><ruby>訣<rt>결</rt></ruby><ruby>也<rt>야</rt></ruby>라

<ruby>太<rt>태</rt></ruby><ruby>子<rt>자</rt></ruby>가 <ruby>會<rt>회</rt></ruby><ruby>九<rt>구</rt></ruby><ruby>黎<rt>려</rt></ruby><ruby>於<rt>어</rt></ruby><ruby>塗<rt>도</rt></ruby><ruby>山<rt>산</rt></ruby>하시고 <ruby>命<rt>명</rt></ruby><ruby>虞<rt>우</rt></ruby><ruby>舜<rt>순</rt></ruby>하사

<ruby>卽<rt>즉</rt></ruby><ruby>報<rt>보</rt></ruby><ruby>虞<rt>우</rt></ruby><ruby>貢<rt>공</rt></ruby><ruby>事<rt>사</rt></ruby><ruby>例<rt>례</rt></ruby>하시니 <ruby>今<rt>금</rt></ruby><ruby>所<rt>소</rt></ruby><ruby>謂<rt>위</rt></ruby><ruby>禹<rt>우</rt></ruby><ruby>貢<rt>공</rt></ruby>이 <ruby>是<rt>시</rt></ruby><ruby>也<rt>야</rt></ruby>라.

우사공이 삼육구배를 하고 나아가…

부루태자로부터 금간옥첩金簡玉牒을 받으니, 곧 오행치수의 요결이었다. 태자께서 구려九黎를 도산에 모아 놓고, 우순에게 명하여 조공 바친[虞貢] 사례를 보고하게 하시니, 오늘날 이른바 「우공虞貢」이란 이러한 역사적 사실을 말한다.

(『환단고기』「태백일사」〈삼한관경본기〉)

9년 홍수를 다스려서 중국의 첫 번째 고대 왕조인 하나라를 탄생시킨 건국자, 우임금의 9년 홍수 치수 성공 이야기는 조작되었습니다. 4,300년 전, 9년 대홍수로 우나라 순임금이 패망 위기에 처하자 단군왕검께서 낭야성에 태자 부루를 보내 순임금에게 대홍수의 참상을 보고받습니다. 그리고 태자 부루로 하여금 오나라, 월나라의 옛 땅인 **도산塗山에서 회의를 소집하여 사공 우에게 오행치수법을 전수**하게 합니다. 그 원본이 홍범구주입니다. 중국사는 이를 조작 날조*하여 『오월춘추』의 창수사자蒼水 使者 이야기로 왜곡해 놓았습니다.

중국의 9년 홍수 치수 역사 조작

우 내 동 순　　등 형 악　　혈 백 마 이 제
禹乃東巡하야 登衡嶽하고 血白馬以祭로대

불 행 소 구　　우 내 등 산　　앙 천 이 소
不幸所求어늘 禹乃登山하야 仰天而嘯러니

인 몽 현 적 수 의 남 자　　자 칭 현 이 창 수 사 자
因夢見赤繡衣男子하야 自稱玄夷蒼水使者라

문 제 사 문 명 어 사　　고 래 후 지
聞帝使文命於斯하고 故來候之로다.

비 궐 세 월　　장 고 이 기　　무 위 희 음
非厥歲月이어늘 將告以期하리니 無爲戲吟하라.

고 의 가 복 부 지 산
故倚歌覆釜之山이로다 하고

동 고 위 우 왈 욕 득 아 산 신 서 자
東顧謂禹曰 欲得我山神書者면

재 어 황 제 암 악 지 하
齋於黃帝岩嶽之下하고

삼 월 경 자　　등 산 발 석　　금 간 지 서 존 의
三月庚子에 登山發石하면 金簡之書存矣리라 하거늘

* 중국 사서에 기록된 고조선 별칭: 구이九夷(『논어』), 이예夷穢(『여씨춘추』), 직신稷愼(『일주서』), 숙신肅愼(『산해경』), 맥貊(『논어』), 예맥穢貊, 산융山戎, 동호東胡, 발發조선(『관자』), 청구靑丘

우퇴우재　　삼월경자　　등완위산
禹退又齋하고 三月庚子에 登宛委山하야

발금간지서　　안금간옥자　　득통수지리
發金簡之書하고 案金簡玉字하야 得通水之理러라.

우는 곧 동쪽으로 순행하여 형산(형악衡嶽)에 올라가 백마를 죽여 그 피로 산신에게 제사지냈으나 신서는 발견하지 못했다. 그러자 우는 산꼭대기에 올라가 하늘을 바라보며 소리치다가 갑자기 잠이 들어, 꿈에 붉은 색으로 수놓은 비단 옷을 입은 남자를 만났는데, 스스로 이렇게 말하였다. "나는 현이 창수사자인데, 듣자하니 황제께서 그대를 이곳으로 보냈다고 해서 기다리고 있었노라. 지금은 아직 볼 때가 아니니 내가 그 때를 알려주려고 하노라. 내가 농담한다고 생각하지 말지니, 나는 본디 복부산覆釜山에서 곡에 따라 노래를 부르고 있노라."
이 사람이 동쪽으로 고개를 돌려 우에게 말하였다. "우리 산신의 책을 얻으려면 모름지기 황제암악黃帝巖嶽 아래서 재계한 뒤에 3월 경자일에 다시 산꼭대기로 올라 와 돌을 들춰 보면 금간金簡으로 된 책이 있으리라." 우는 물러나서 다시 재계하고 3월 경자일에 완위산에 올라가 금간으로 된 책을 찾았는데, 금간에 쓰인 옥 글자를 살펴보고 물길을 소통시키는 이치를 알게 되었다.

（『오월춘추吳越春秋』권6「월왕무여외전越王無余外傳」）

우임금이 받았다는 낙서洛書의 진실

『대변설大辯說』에서 말하였다. '처음에 단군이 글을 완성하여 금거북에 새겨 바다에 띄워 보내며 말씀하시기를, "동쪽으로 가든 서쪽으로 가든 네가 가는 대로 맡기리라. 이것을 얻는 자는 성인이리라." 하셨다. 당시에 우禹가 낙수洛水에 이르니 해인海人이 금거북을 바쳤다. 이것이 낙서洛書이다.'

（『태백속경太白續經』）

금 거북

2세 부루扶婁단군

단군왕검의 아드님인 부루가 2세 단군입니다. 그리스 마케도니아의 알렉산더 대왕 이상으로 무용이 대단했던 고구려 광개토태왕의 군사들이 출정할 때에 **'어아가於阿歌'**를 불렀다고 합니다. 이 '어아가'를 부루단군이 직접 작사·작곡하셨습니다. '어아 어아~ 아 등대조신我等大祖神의 대은덕大恩德은 배달국

2세 단군 부루扶婁
(재위 BCE 2240~BCE 2138)

아등倍達國我等이 개백백천천년물망皆百百千千年勿忘이로다. 어아 어아 우리 대조신의 크나큰 은덕이시여! 배달의 아들딸 모두 그 은혜를 백백천천 영세토록 잊지 못하오리다'라고 해서, 배달국 환웅천황의 은혜를 잊어서는 안 된다, 우리들의 큰 조상님이신 대조신大祖神을 잘 모셔야 한다고 노래했습니다.

그 다음, **추수감사절의 풍속인 업주가리業主嘉利 문화**가 시작되었습니다. 부루단군이 붕어하신 뒤, 나라의 온 백성이 부루단군의 공덕을 추모하여, 제사를 지낼 때 집 안의 정한 곳에 제단을 설치하고 가을에 추수한 햇곡식을 단지에 담아 제단 위에 모셨습니다. 이를 부루단지라 부르고 업신業神으로 삼았는데, 다른 말로 전계佺戒라고도 했습니다.

시조 단군은 신인 왕검으로서 환국, 배달을 계승하여 동북아 대왕조사의 문을 여셨습니다. 천지 우주광명 인간, 바로 홍익인간의 도를 깨친, 그것을 이룬 사람을 한 글자로, 사람 인(亻)변 옆에 온전 전全 해서 전佺이라 씁니다. 전佺이란 온전한 사람, 우주광명의 인간이 된 사람을 말합니다.

업주가리(부루단지). 가을에 햇곡식을 담아 모시던 단지

바로 그러한 밝은 우주광명의 인간이 되는 생활지침, 그것이 '전계佺戒'입니다. 다시 말해서 전계란 '온전한 사람이 되는 계율을 받아[佺人受戒] 업주가리業主嘉利가 된다'는 뜻으로, 전계를 지키는 것을 인생일대의 유일한 삶의 목적으로 삼았습니다.

다 함께 전계위업佺戒爲業! (전계위업)

이것은 너무도 강력한, 우리 한민족 한 사람 한 사람의 삶의 근본 목적, 유일한 목적, 궁극 목적입니다. '이 구도의 삶, 전계를 내 필생의 업으로 삼는다'는 풍속이 숭고한 홍익인간 정신과 어우러져 민족 대동의 축제문화로 발전하였습니다. 또 온 나라 백성 한 사람 한 사람의 보은 제천 의식을 바탕으로 업신業神 문화를 열어 나갔습니다.

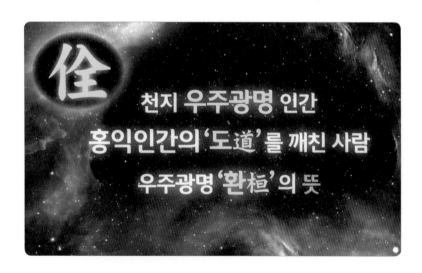

佺

천지 우주광명 인간
홍익인간의 '도道'를 깨친 사람
우주광명 '환桓'의 뜻

3세 가륵嘉勒단군

그 다음에 3세 가륵단군입니다. 이분이 삼랑三郎* 을보륵乙普勒에게 신왕종전神王宗佺의 도에 대해서 한번 얘기해 보라고 하셨습니다.** 그리고 을보륵에게 동북아 최초로 우주의 이법으로 만든 한글의 원형, **가림토加臨土 문자 서른여덟 자**를 창제하게 했습니다. 이 것은 잠시 뒤에 다시 살펴보기로 하겠습니다.

3세 단군 가륵嘉勒
(재위 BCE 2182~BCE 2138)

가륵단군이 삭정索靖을 약수弱水 지방에 유배시켰다가 후에 사면을 하고 그곳에 봉했는데, **훈족의 시조**가 되었습니다. 본래 훈족인데, 중국에서 폄하하기 위해서 흉악한 노예 같은 위인들이다 해서 '흉노匈奴'라고 했습니다. 서양은 물론 지구촌 역사를 흔들어 놓은, 동북아 유목 민족 가운데 가장 강력한 족속이 훈족입니다.

또 가륵단군은 신지神誌 고설高契에게 명하여 『배달유기倍達留記』라는 책을 편찬하게 하셨습니다.

4세 오사구烏斯丘단군

4세 오사구단군은 아우 오사달을 지금의 몽골 땅에 몽고리한蒙古里汗, 즉 왕으로 임명했습니다. 그러니까 **4,100여 년 전에 몽골의 시조 왕이 탄생한 것**입니다. 이것도 아주 놀라운 역사의 기

---

* 삼랑은 삼신을 모시는 제관이다. 이 삼랑이 화랑문화의 근원이다.
** 己亥元年이라. 五月에 帝召三郎乙普勒하사 問神王宗佺之道하신대 (『환단고기』 「단군세기」)

4세 단군 오사구烏斯丘
(재위 BCE 2137~BCE 2100)

록입니다.

　당시 마한 왕이 6세 근우지近于支인데, 오사구단군의 명으로 상춘常春, 지금의 만주 장춘長春 구월산九月山에 와서 삼신께 제사 지내는 일을 도왔다고 합니다. 이 구월산이 후대에 내려와서 지금의 황해도 구월산이 된 것입니다. 황해도 구월산에 삼성사三聖祠라는 신묘神廟가 있는데 지금도 환인, 환웅, 단군 삼성조를 모시고 있습니다.

환인천제　　환웅천황　　단군왕검

삼성사
황해도 구월산

5세 구을丘乙단군

5세 구을단군을 보면, 단군께서 장당경에 순행하여 삼신단을 쌓고 환화桓花를 많이 심으셨습니다. 본래 **우리 민족의 꽃은 환화**입니다. 이 환화가 무궁화냐, 진달래냐 하는 여러 가지 주장이 있는데, 지금 우리나라는 무궁화를 나라꽃으로 소중히 여기고 있지요.

11세 도해道奚단군

11세 도해단군은 대시전大始殿을 지었습니다. '내가 동방의 유구한 역사, 그 문화 정신을 복원하겠다!' 하여 큰 대大 자, 비로소 시始 자를 썼습니다. 대시전에는 환웅천황의 유상遺像을 받들어 모셨습니다. 그리고 큰 나무를 정하여 '이것이 환웅님의 성체다' 하여 '환웅상桓雄像'으로 모심으로써 웅상雄常이라는 문화 전통을 다시 세웠습니다.

11세 단군 도해道奚
(재위 BCE 1891~BCE 1835)

"불상이 처음 들어왔을 때 절을 지어 대웅大雄이라 불렀다. 이것은 승려들이 옛 풍속(雄常)을 따라 그대로 부른 것이다"
『신시본기神市本紀』

대시전의 본래 이름은 환웅전桓雄殿인데, 후에 불교가 들어와서 환웅전이 대웅전으로 바뀐 것입니다. 11세 도해단군은 환국, 배달의 시조를 섬기는 제사 문화를 크게 부흥시켰습니다. 또 환국, 배달로부터 전해 내려온 「천부경」과, 삼신문화에 대한 가르침, 천상의 삼신상제님의 궁전, 세계, 그리고 인간에 대한 가르침을 정리한 366자로 이루어진 「삼일신고」 등의 내용을 근거로 하여 환국, 배달의 **소의경전所依經典을 완성**하여 온 나라에 덕화德化를 베푸셨습니다. 그것이 바로 **하늘·땅·인간의 창조정신과 목적을 밝힌 〈염표문念標文〉 창제·반포**입니다. 이 〈염표문〉 창제의 역사적 의미에 대해서 제대로 알아야 합니다. 『환단고기』에는 또 도해단군이 선비 20명을 선발하여 하夏나라 수도로 보내 '나라를 이렇게 다스려라!' 하고 국훈國訓을 전수하여 위엄을 보여주셨다는 내용이 나옵니다.

환국·배달 소의경전	완성 →	11세 도해단군
「천부경」「삼일신고」		「염표문」 창제 반포

13세 단군 흘달屹達
(재위 BCE 1782~BCE 1722)

13세 흘달屹達단군

13세 흘달단군 때, 은나라가 하나라를 치자 하나라의 마지막 왕 걸桀이 구원을 청하였습니다. 단군께서 군대를 보내 걸을 돕자 은나라의 탕이 사죄하면서 군대를 되돌렸습니다. 이때 하나라 걸왕桀王이 약속을 어기고 군사를 보내 길을 막고 맹약을 깨뜨리려 하자, 단군께서 은나라와 함께 걸을 치고 탕 임금이 은나라를 열 수 있도록 지원하였습니다.

하나라 멸망과 은나라 건국 (『단군세기』)

是歲冬에 殷人이 伐夏한대 其主桀이 請援이어늘
시 세 동   은 인   벌 하   기 주 걸   청 원

帝以邑借末良으로 率九桓之師하사 以助戰事하신대
제 이 읍 차 말 량   솔 구 환 지 사   이 조 전 사

湯이 遣使謝罪어늘 乃命引還이러시니 桀이 違之하고
탕   견 사 사 죄   내 명 인 환   걸   위 지

遣兵遮路하야 欲敗禁盟일새 遂與殷人으로 伐桀하시고
견 병 차 로   욕 패 금 맹   수 여 은 인   벌 걸

密遣臣智于亮하사 率畎軍하시고 合與樂浪하사
밀 견 신 지 우 량   솔 견 군   합 여 낙 랑

進據關中邠岐之地而居之하시고 設官制하시니라.
진 거 관 중 빈 기 지 지 이 거 지   설 관 제

이 해 겨울, 은殷나라 사람이 하夏나라를 치자 하나라 왕 걸桀(BCE 1818~BCE 1767)이 구원을 청하였다. 임금께서 읍차邑借 말량末良에게 구환의 병사를 이끌고 전투를 돕게 하셨다.
이에 탕湯이 사신을 보내 사죄하므로 군사를 되돌리라 명하셨다. 이때 걸이 약속을 어기고 군사를 보내어 길을 막고 맹약을 깨뜨리려 하였다. 그리하여 임금께서 마침내 은나라 사람과 함께 걸을 치는 한편, 은밀히 신지臣智 우량于亮을 보내어 견군畎軍을 이끌고 낙랑樂浪 군사와 합세하여 관중의 빈邠·기岐 땅을 점령하여 주둔시키고 관제官制를 설치하셨다.

(『단군세기』)

하나라 멸망과 은나라 건국 (『후한서』)

諸夷內侵 殷湯革命伐而定之
제 이 내 침   은 탕 혁 명 벌 이 정 지

모든 동이가 침범해 오니 탕湯이 혁명하여 걸왕을 쳐서 평정하였다.

(『후한서』「동이열전」)

배달		조선		북부여		신라
삼랑	⇨	국자랑 (천지화랑)	⇨	천왕랑	⇨	화랑

흘달단군은 나라 안에 소도를 많이 설치하여 소도 제천행사를 크게 부흥시키셨습니다. 또 천지화天指花를 심었습니다. 신라에는 꽃을 머리에 꽂은 화랑이 있었습니다. **화랑은 '꽃을 꽂고 다니는 젊은이'**라는 뜻입니다.

당시 천지의 조물주 삼신 하나님, **삼신상제님을 모시는 제관인 삼랑三郎**이 있었습니다. 여기 강화도 마리산에 삼랑성이 있잖아요. 흘달단군 때 미혼 소년들을 선발하여 독서와 활쏘기를 익히게 하고, 이들을 **국자랑國子郎**이라 하였습니다. 국자랑은 곧 삼랑인데, 이들이 밖에 다닐 때 머리에 천지화를 꽂고 다녀서 **천지화랑天指花郎**이라 불렀습니다. 천지화란, 하늘에서 '이것이 너희들의 나라 꽃이다!'라고 지적을 했다는 뜻입니다. 신라 '**화랑花郎**'의 원래 말이 천지화랑입니다. 이러한 사실을 제대로 알려주는 것은 『환단고기』의 「단군세기」밖에 없습니다. 『환단고기』는 화랑문화의 뿌리를 밝혀주는 유일한 사서입니다.

多설소도 植천지화
多設蘇塗하사 植天指花하시고
사미혼자제 독서습사 호위국자랑
使未婚子弟로 讀書習射하사 號爲國子郎하시니라.
국자랑 출행 도삽천지화
國子郎이 出行에 頭揷天指花하니
고 시인 칭위천지화랑
故로 時人이 稱爲天指花郎이라.

소도蘇塗를 많이 설치하고 천지화天指花를 심으셨다. 미혼 소년
들에게 독서와 활쏘기를 익히게 하고, 이들을 국자랑國子郎이라
부르셨다. 국자랑이 밖에 다닐 때 머리에 천지화를 꽂았기 때문
에 당시 사람들이 천지화랑天指花郎이라 불렀다. (『단군세기』)

15세 대음代音단군

15세 대음단군 때, 나라의 세제를 80분의
1로 개혁했습니다. 그리고 아우 대심代心을
남선비국의 대인으로 봉했습니다. 선비족,
선비문화의 원형과 근원도 여기서 살펴볼 수
가 있습니다.

15세 단군 대음代音
(재위 BCE 1661~BCE 1611)

<ruby>是<rt>시</rt></ruby><ruby>歲<rt>세</rt></ruby>에 <ruby>改<rt>개</rt></ruby><ruby>八<rt>팔</rt></ruby><ruby>十<rt>십</rt></ruby><ruby>稅<rt>세</rt></ruby><ruby>一<rt>일</rt></ruby><ruby>之<rt>지</rt></ruby><ruby>制<rt>제</rt></ruby>하니라.

이 해(단기 673, BCE 1661)에 세제를 개혁하여 80분의 1 세법
으로 고쳤다. (『단군세기』)

남선비국 ← 진한
소밀랑
(하얼빈)

번한
안덕향
(당산)
백아강
(평양)

대음단군 40년(BCE1622)

"아우 대심代心을 남선비국南鮮卑國의 대인으로 봉하셨다"
→ 북방 선비족 문화의 근원

기 미 사 십 년　　봉 황 제 대 심　　위 남 선 비 대 인
己未四十年이라 **封皇弟代心**하사 **爲南鮮卑大人**하시니라.

재위 40년 기미(단기 712, BCE 1622)년에 아우 대심代心을 남
선비국南鮮卑國의 대인으로 봉하셨다. (『단군세기』)

16세 위나尉那단군

16세 단군 위나尉那
(재위 BCE 1610~BCE 1553)
영고탑에서 삼신상제님께 천
제를 올림

　　16세 위나단군은 영고탑寧古塔에서 삼신상
제님께 제사를 지낼 때, 환인천제, 환웅천황,
치우천황, 단군왕검을 배향하셨습니다. 부여
의 **영고제迎鼓祭**라는 제천문화 풍속이 여기에
서 온 것입니다. 이것은 단군왕검 이전부터
내려온 조물주 삼신 하나님을 맞이하는 천
제이자 축제이며 대동굿인데, 세상 사람들이
이걸 모르고서, 이 유구한 전통을 받아들이
지 않고서 그냥 시비를 거는 것입니다.

회 구 환 제 한 우 영 고 탑　　제 삼 신 상 제
會九桓諸汗于寧古塔하사 **祭三神上帝**하실새
배 환 인 환 웅 치 우　　급 단 군 왕 검 이 향 지
配桓因桓雄蚩尤와 **及檀君王儉而享之**하시고
오 일 대 연　　　여 중　　명 등 수 야　　창 경 답 정
五日大宴하실새 **與衆**으로 **明燈守夜**하사 **唱經踏庭**하시며

임금께서 구환족의 모든 왕을 영고탑에 모이게 하여 삼신상제님
께 천제를 지낼 때, 환인천제·환웅천황·치우천황(14세 환웅천
황)과 단군왕검을 배향하셨다. 5일간 큰 연회를 베풀어 백성과
함께 불을 밝히고 밤을 새워 「천부경」을 노래하며 마당밟기를
하셨다. (『단군세기』)

위서론자들은 이 영고탑이 청나라 후대에 만들어졌다고 하면서, '『환단고기』「단군세기」에 영고탑이 나오지 않냐, 그러니 『환단고기』는 결정적으로 조작된 위서다'라고 주장합니다. 단지 자기들의 식민 역사관의 틀을 합리화하기 위해서, 그것을 넘어서는 모든 것은 비합리적인 조작된 역사로 매도하고 있습니다.

앞에서도 언급했지만, 16세 위나단군은 삼신상제님께 천제를 올릴 때 국조國祖 단군왕검을 모시면서 환인천제, 환웅천황, 치우천황까지 해서 네 분의 성조聖祖를 모시는 제사문화의 전통을 세웠습니다. 그리고 그때 「천부경」을 노래했다는 구절이 나옵니다.

네 분의 성조聖祖를 모시는 제사문화 전통을 세우심

환인천제　　환웅천황　　치우천황　　단군왕검

『환단고기』 위서론자들의 주장

"영고탑은 청나라(1644~1911) 때 생긴 지명. 고려(1363) 말 「단군세기」에 영고탑이 나오므로 조작된 위서다."

* 　 * 　 *

명 실 록　영 락 원 년
明實錄 永樂元年(1402년) …

혁 실 혁　영 고 탑 등 로
赫實赫, 寧古塔等路.

(『만주원류고』 권13)

영고탑이 청나라 이전의 지명인 것은
'명나라 때(1402) 영고탑이 있었다'는 기록으로도 증명된다.

* 　 * 　 *

환단고기 위서론자들은 자신들과 다른 주장은
비합리적이고 조작된 역사 이야기로 매도한다.

21세 단군 소태蘇台
(재위 BCE 1337~BCE 1285)

21세 소태蘇台단군

　21세 소태단군 때는 은나라 21세 소을小乙 왕이 사신을 보내서 조공을 바쳤습니다. 중국의 역대 하나라, 은나라, 주나라 초기까지 본조本朝인 단군조선과 문화 교류를 하면서 조공을 바치고 사절을 교환한 기록이 「단군세기」 여러 곳에 나와 있습니다.

단군 조선	21세 소태 단군 (BCE 1337~ BCE1284)	백이와 숙제 이야기 (고죽국 왕자 백이·숙제가 왕위를 사양하고 동해 물가에서 밭을 일구어 먹고 살았다.)
중국 왕조 (은)	21세 소을왕 (BCE 1352~ BCE1325)	BCE 1337(갑진)년 은나라 왕 소을이 사신을 보내 조공을 바쳤다. (『단군세기』)
	22세 무정왕 (BCE 1324~ BCE 1266)	BCE 1291(경인)년, 은나라 왕 무정이 전쟁을 일으켰으나 단군조선의 군사에 대패하여 화친을 청하고 조공을 바쳤다. (『단군세기』)

단군조선과 중국 하·은·주 교류 기록

11세 도해단군	선비 20명 파견 ⟶	하
15세 대음단군	⟵ 사신 파견, 화친요청(소갑왕)	은
21세 소태단군	⟵ 사신 파견, 조공 바침(소을왕) ⟵ 화친요청, 조공 바침(무정왕)	
29세 마휴단군	⟵ 주나라 사람이 공물 바침	주
30세 내휴단군	⟵ 주나라와 수교 ⟶	

『단군세기』에는 은나라 22세 무정武丁왕이 군사를 일으켜 귀방鬼方을 물리치고 삭도, 영지 등을 침공하였으나, 소태단군에게 대패하고서 조공을 바쳤다는 기록이 있습니다.

갑 진 원 년　　　은 주 소 을　　　견 사 입 공
甲辰元年이라 殷主小乙이 遣使入貢하니라.
경 인 사 십 칠 년　　　은 주 무 정　　　기 승 귀 방
庚寅四十七年이라 殷主武丁이 旣勝鬼方하고
우 인 대 군　　　침 공 삭 도 영 지 등 국　　　위 아 대 패
又引大軍하야 侵攻索度令支等國이라가 爲我大敗하고
청 화 입 공
請和入貢하니라.

소태단군의 재위 원년은 갑진(환기 5861, 신시개천 2561, 단기 997, BCE 1337)년이다. 은나라 왕 소을小乙(21世)이 사신을 보내 조공을 바쳤다.

재위 47년 경인(단기 1043, BCE 1291)년에 은나라 왕 무정武丁(22世)이 전쟁을 일으켜 이미 귀방鬼方을 물리치고 나서 다시 대군을 이끌고 삭도索度와 영지令支 등 여러 나라를 침공하다가 우리 군사에게 대패하여 화친을 청하고 조공을 바쳤다. (『단군세기』)

22세 색불루索弗婁단군:
제2왕조 시대 개막

22세 색불루단군 때부터 제2왕조 시대입니다. 제2왕조는 백악산 아사달에서 860년 동안 이어졌습니다. 색불루단군은 도읍을 송화강 아사달(하얼빈)에서 백악산으로 옮기고, 나라를 삼한에서 삼조선 체제로 바꿨습니다. 그리고 중국 사서에도 나오지만 고조선의 금팔

22세 단군 색불루索弗婁
(재위 BCE 1285~BCE 1238)

조禁八條 법을 선포했습니다. 법사상의 근원이 되는, 국가 경영의
바탕인 법체계가 색불루단군 때 정립된 것입니다.

색불루단군의 치적

1. 제2왕조 시대(860년) 개창

2. 수도 이전(송화강 아사달→백악산)

3. 국제國制 변경(삼한→삼조선)

『태백일사』에서 전하는 팔조금법

위민설금팔조 상살 이당시상살
爲民設禁八條하니 相殺에 以當時償殺하고

상상 이곡상 상도자 남몰위기가노 여위비
相傷에 以穀償하고 相盜者는 男沒爲其家奴오 女爲婢하며

훼소도자 금고 실예의자 복군
毁蘇塗者는 禁錮하고 失禮義者는 服軍하고

불근로자 징공 작사음자 태형
不勤勞者는 徵公하고 作邪淫者는 笞刑하고

행사기자 훈방
行詐欺者는 訓放이러니

백성을 위하여 금팔조禁八條를 정하였는데, 다음과 같다.
제1조: 살인한 자는 즉시 사형에 처한다.
제2조: 상해를 입힌 자는 곡식으로 보상한다.
제3조: 도둑질 한 자 중에서 남자는 거두어들여 그 집의 노奴로
삼고, 여자는 비婢로 삼는다.
제4조: 소도를 훼손한 자는 금고 형에 처한다.
제5조: 예의를 잃은 자는 군에 복역시킨다.
제6조: 게으른 자는 부역에 동원시킨다.
제7조: 음란한 자는 태형笞刑으로 다스린다.
제8조: 남을 속인 자는 잘 타일러 방면한다.

(『태백일사』 「삼한관경본기」)

『한서』「지리지」가 전하는 팔조금법의 3개 조항

상 살 이 당 시 상 살
相殺以當時償殺

살인한 자는 즉시 사형에 처한다.

상 상 이 곡 상
相傷以穀償

상해를 입힌 자는 곡식으로 보상한다.

상 도 자 남 몰 입 위 기 가 노 여 자 위 비
相盜者男沒入爲其家奴女子爲婢

도둑질한 자, 남자는 그 집의 노奴로 삼고, 여자는 비婢로 삼는다.

(『한서』「지리지」)

23세 아홀阿忽단군

23세 아홀단군 때, 아우 고불가固弗加에게 명하여 낙랑홀樂浪忽을 다스리게 했습니다. 낙랑은 역사의 기원이 워낙 오래되었는데, 5,400년 전 우리 태극기 팔괘를 만드신 태호 복희란 분이 낙랑과 진의 땅을 거쳐 산동성 왼쪽으로 진출하셨다는 기록이 『환단고기』「태백일사」에 나와 있습니다.

23세 단군 아홀 阿忽
(재위 BCE 1237~BCE 1162)

밀 기 왈 복 희 출 자 신 시 세 습 우 사 지 직
密記에 曰「伏羲는 出自神市하사 世襲雨師之職하시고

후 경 청 구 낙 랑 수 사 우 진 여 수 인 유 소
後에 經靑邱樂浪하사 遂徙于陳하시니 並與燧人有巢로

입 호 어 서 토 야
立號於西土也시라.

『밀기密記』에 이렇게 기록되어 있다.

복희는 시시에서 출생하여 우사雨師 직책을 대물림하셨다. 후에 청구, 낙랑을 지나 진陳 땅에 이주하여 수인燧人, 유소有巢와 함께 서쪽 땅[西土]에 나라를 세우셨다.

(『환단고기』「신시본기」)

25세 솔나率那단군

25세 단군 솔나率那
(재위 BCE 1150~BCE 1063)

25세 솔나단군 때는 은殷나라가 망하고 주周나라가 들어섭니다. 문왕과 그 아들 무왕이 은나라의 마지막 왕 주왕紂王을 벌하고, 동이족 출신의 재상 강태공의 보필을 받아서 주나라를 세웠습니다.

이때 은나라의 기자箕子가 서화에 와서 은둔생활을 했다는 기록이 있습니다. 이를 보면 중국이 주장하는 기자조선은 허구입니다.「단군세기」25세

솔나단군조를 보면 기자가 한반도 조선 땅에 온 적이 없다는 것이 명백합니다.

정해삼십칠년　　기자　　사거서화　　사절인사
丁亥三十七年이라 **箕子**가 **徙居西華**하야 **謝絶人事**하니라.

재위 37년 정해(BCE 1114)년에 기자가 서화에 살면서 인사를 사절하였다. (『단군세기』)

27세 두밀豆密단군

27세 두밀단군 때는 수밀이국須密爾國, 양운국養雲國, 구다천국句茶川國 등 환국 열두 나라에 속했던 나라들이 당시에도 존속했고, 이들 나라에서 사신을 보내 방물을 바쳤다는 기록이 있습니다.

27세 단군 두밀豆密
(재위 BCE 997~BCE 972)

환국 열두 나라에 속했던 나라들이 사신을 보내 방물을 바쳤다.

갑신원년　　천해수일　　사아란산　봉
甲申元年이라. **天海水溢**하고 **斯阿蘭山**이 **崩**하니라.
시세　수밀이국　양운국　구다천국　개견사
是歲에 **須密爾國**과 **養雲國**과 **句茶川國**이 **皆遣使**하야
헌방물
獻方物하니라.

두밀단군의 재위 원년은 갑신(환기 6201, 신시개천 2901, 단기 1337, BCE 997)년이다. 천해天海의 물이 넘치고 사아란산斯阿蘭山이 무너졌다. 이 해에 수밀이국須密爾國·양운국養雲國·구다천국句茶川國이 모두 사신을 보내 방물을 바쳤다.(『단군세기』)

33세 감물甘勿단군

33세 감물단군 때 영고탑 서문 밖 감물산 아래에 삼성사三聖祠를 세우고 제를 올렸다는 기록이 있습니다.

33세 단군 감물甘勿
(재위 BCE 819~BCE 796)

영고탑 서문 밖 감물산에 삼성사를 세우고 친히 천제를 올리다

戊子七年이라 寧古塔西門外甘勿山之下에
건 삼 성 사   친 제   유 서 고 문
建三聖祠하시고 親祭하실새 有誓告文하시니
왈   삼 성 지 존   여 신 제 공
曰「三聖之尊은 與神齊功하시고
삼 신 지 덕   인 성 익 대
三神之德은 因聖益大로시다.

재위 7년 무자(단기 1521, BCE 813)년에 영고탑 서문 밖 감물산甘勿山 아래에 삼성사三聖祠를 세우고 친히 제사를 드렸는데, 그 「서고문誓告文」에서 이렇게 말씀하셨다. 세 분 성조(환인·환웅·단군)의 높고도 존귀하심은 삼신과 더불어 공덕이 같으시고 삼신(상제님)의 덕은 세 분 성조로 말미암아 더욱 성대해지도다.

(『단군세기』)

35세 사벌沙伐단군

35세 사벌단군 때, 장군 언파불합彦波弗哈*을 보내어 지금의 일본 큐슈 지방에 있던 웅습熊襲(구마소)을 평정하였습니다.

35세 단군 사벌沙伐
(재위 BCE 772~BCE 705)

「일본서기日本書紀」에 등장하는 언파불합

언 파 렴 무 로 자 초 즙 불 합 존　이 기 이 옥 의 희 위 비
彦波瀲武鸕鶿草葺不合尊, 以其姨玉依姬爲妃.

생 언 오 뢰 명　차 도 반 명　차 삼 모 입 야 명
生彦五瀨命. 次稻飯命. 次三毛入野命.

차 신 일 본 반 여 언 존　범 생 사 남
次神日本磐余彦尊. 凡生四男.

구 지 언 파 렴 무 로 자 초 즙 부 합 존　붕 어 서 주 지 궁
久之彦波瀲武鸕鶿草葺不合尊, 崩於西洲之宮.

인 장 일 향 오 평 산 상 릉
因葬日向吾平山上陵.

일 서 왈　선 생 언 오 뢰 명　차 도 반 명　차 삼 모 입 야 명
一書曰, 先生彦五瀨命. 次稻飯命. 次三毛入野命.

차 협 야 존　역 호 신 일 본 반 여 언 존　소 칭 협 야 자
次狹野尊. 亦號神日本磐余彦尊. 所稱狹野者,

시 년 소 시 지 호 야　후 발 평 천 하　엄 유 팔 주　고 복 가 호
是年少時之號也. 後撥平天下. 奄有八洲. 故復加號,

왈 신 일 본 반 여 언 존
曰神日本磐余彦尊.

언파렴무로자초즙불합존彦波瀲武鸕鶿草葺不合尊은 이모 옥의희를 비로 삼았다. 언오뢰명을 낳고, 이어 도반명, 삼모입야명, 신일본반여언존, 모두 4남매를 낳았다. 얼마 후에 언파렴무로자초

---

* 戊午五十年이라 帝遣將彦波弗哈하사 平海上熊襲하시니라. (『환단고기』「단군세기」)

즙불합존은 서주궁에서 죽었다(崩). 그래서 일향 오평산의 상릉에 장사지냈다.

어떤 책(一書)에는 다음과 같이 전하고 있다. 먼저 언오뢰명을 낳았다. 다음 도반명, 다음 삼모입야명, 다음 협야존, 다른 이름은 신일본반여언존이라 한다. 협야란 어릴 적의 이름이다. 후에 천하를 평정하여 팔주를 다스렸다. 그러므로 또 이름을 더하여 신일본반여언존이라 한다. (『일본서기』)

36세 단군 매륵買勒
(재위 BCE 704~BCE 647)

36세 매륵買勒단군

이제 진짜 중요한 36세 매륵단군 때의 일입니다. 일본 창세 역사의 시조 왕이 나옵니다. 36세 매륵단군 재위 38년 갑인(단기 1667, BCE 667)년에 협야후陜野侯 배반명裵幋命을 보내어 해상의 적을 토벌*하고 이어서 12월에는 삼도三島를 모두 평정합니다.

『일본서기』 권 제2에 언파불합彦波不合이라는 이름이 등장하는데, 이는 『환단고기』의 언파불합彦波弗哈과 음이 일치합니다. 그의 아들로 도반명稻飯命과 협야狹野가 있었습니다. 협야는 반여언磐余彦으로, 『일본서기』에서 초대 천왕이라고 하는, 일본 왕가의 뿌리인 진무神武왕입니다. 진무왕의 어릴 적 이름이 협야였다고 합니다. 『환단고기』에 배반명裵幋命이 나오는데 이 역시 『일본서기』의 도반명稻飯命과 동일 이름이라 볼 수 있습니다. 裵를 이두식으로 표기하여 稻(벼 도)라고 한 것입니다.

---

* 甲寅三十八年이라 遣陜野侯裵幋命하사 往討海上하시니 十二月에 三島悉平이러라. (『환단고기』 「단군세기」)

『일본서기』에 따르면 진무왕이 가시하라신궁檀原神宮(나라현 가시하라시)에서 등극한 해가 BCE 660년이라고 합니다. 『환단고기』「단군세기」에서는, '갑인(단기 1667, BCE 667)년에 협야후陜野侯 배반명裵幋命을 보내어 해상의 적을 토벌하게 하셨다. 12월에 삼도三島(일본을 구성하는 세 섬, 곧 큐슈, 혼슈, 시코쿠)를 모두 평정하였다'라고 했습니다. 두 기록이 7년 차이가 나는데요. 『환단고기』는 이처럼 일본 천왕가의 뿌리를 밝힐 수 있는 단서를 제공해줍니다.

본래 3세 가륵단군 시절에 춘천의 우수국牛首國 소시모리가 반란을 일으키자 여수기余守己를 보내 참수를 했습니다. 그런데 그 후손 가운데 배반명이 나와, 일본에 가서 일본 건국의 시조 진무왕神武王이 됐다는 이야기를 하고 있습니다. 지금도 일본 사람들이 춘천에 소머리 나라 우수국이 있었다고 해서 우두산에 가서 참배를 합니다.

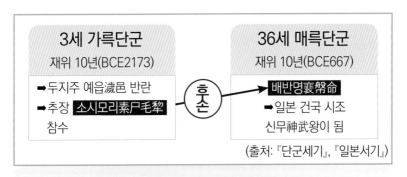

3세 가륵단군		36세 매륵단군
재위 10년(BCE2173)		재위 10년(BCE667)
➡두지주 예읍濊邑 반란	후손	➡배반명裵幋命
➡추장 소시모리素尸毛犁 참수		➡일본 건국 시조 신무神武왕이 됨

(출처: 『단군세기』, 『일본서기』)

우두산牛頭山 (강원도 춘천)

소머리국에 대한 세 가지 해석

구메 구니다케 도쿄대 교수가 『일본고대사(1907)』에서 "스사노오는 신라신이다. 스사노오가 하늘나라 고천원高天原으로부터 지상으로 내려간 곳이 신라 땅 우두산牛頭山이며, 그곳에서 배를 만들어 바다 건너 이즈모 땅으로 건너왔다"고 하였다. 이를 근거로 일제는 춘천에 우두왕, 우두대왕의 신사를 세우려고 했다. 일본 천왕가의 고향 우두국에 대한 세 가지 설을 소개한다.

① 경주설 (가나자와 쇼자부로)

가나자와 쇼자부로는 『삼국사기』나 『동국여지승람』에 나오는 우수주牛首州는 일설에 우두주牛頭州로 쓰기 때문에 춘천일 것으로 생각하기 쉽지만, 문제는 우두를 소시모리라고 훈독한 예가 보이지 않는다는 점을 들었다. 소시모리曾尸茂梨 가운데 '시尸'는 조사로서 그것을 제외한 소모리는 서벌(徐伐/소호리)이라는 것을 이유로 들며 서벌은 신라의 수도이므로 그는 경주설을 주장한다.

② 춘천설 (일본 신도 연구자, 신화학자, 가아노 반세이 기자)

춘천설은 일본의 신도 연구자들과 신화학자들이 소시모리를 언어학적으로 풀어서 '소의 머리'로 보았고 춘천에 있는 우두리牛頭里와 연결하였다. <조선일일신문朝鮮日日新聞> 기자 카아노 반세이는 1935년 <춘천풍토기>에서 마을사람들이 우두산을 영지靈地로 생각해왔다는 점, 유생儒生들이 말하는 바 등을 종합해서 우두牛頭를 소머리가 전화轉化된 것이라고 하였다. 드라마 <겨울연가> 이후 많은 일본 관광객들이 춘천을 방문한 것도 우두산의 영향이 있다.

43세 물리勿理단군

43세 물리단군 때, 우화충于和冲의 대반란 사건으로 임금이 붕어하셨습니다. 그 해에 백민성白民城의 욕살인 구물丘勿이 천명을 받들어 병사를 일으켰는데, 그가 장당경藏唐京을 점령하자 아홉 지역 군사들이 추종하였습니다.

43세 단군 물리勿理
(재위 BCE 461~BCE 426)

44세 구물丘勿단군

구물이 병사 1만 명을 이끌고 역적들을 토벌하고, 모든 장수의 추대를 받아 3월 16일에 천제를 올리고, 새 수도 장당경에서 단군으로 즉위하였습니다. 그리고 나라 이름을 대부여大夫餘로, 삼한三韓을 삼조선三朝鮮으로 바꿉니다. 이때는 이미 나라가 실질적으로

44세 단군 구물丘勿
(재위 BCE 461~BCE 426)

망해서 병권이 한반도의 말조선, 만주의 진조선, 요서의 번조선 이렇게 나뉘어 버렸습니다. **나라 이름을 조선에서 대부여로 바꾼** 이것이 부여의 기원입니다.

구물 위제장소추 내어삼월십육일
丘勿이 爲諸將所推하야 乃於三月十六日에

축단제천 수즉위우장당경
築壇祭天하시고 遂即位于藏唐京하사

개국호위대부여 개삼한위삼조선
改國號爲大夫餘하시고 改三韓爲三朝鮮하시니

자시 삼조선 수봉단군 위일존임리지제
自是로 三朝鮮이 雖奉檀君하야 爲一尊臨理之制나

이유화전지권 부재일존야
而惟和戰之權은 不在一尊也라.

구물이 모든 장수의 추대를 받아 3월 16일에 단을 쌓아 하늘에 제사 지내고 장당경에서 즉위하였다. 구물단군께서 국호를 대부여大夫餘로 바꾸고, 삼한三韓을 삼조선三朝鮮으로 바꾸셨다. 이로부터 삼조선이 비록 대단군을 받들어 한 분이 다스리는 제도는 그대로 유지하였으나 화전和戰의 권한(병권兵權)은 단군 한 분에게 있지 않았다. (『단군세기』)

『삼국유사』에서 단군왕검이 1,908세를 살았다고 했습니다. 이것은 단군 한 분이 그렇게 산 게 아니라, **단군조선의 존속 기간(1세에서 43세까지), 즉 역년이 1,908년**이라는 것입니다. 그리고 **44세 단군 이후부터 47세 고열가단군까지가 188년 대부여의 역사시대**입니다. 비록 국호를 대부여로 바꿨지만, 단군조선의 기본적인 시스템인 삼신제도를 바탕으로 삼조선을 다스렸기 때문에 대부여 역사 188년도 단군조선의 전체 역사에 넣는 것입니다.

재위 2년, 나라가 어느정도 안정되자 3월 16일 대영절에 삼신영고제三神迎鼓祭를 올렸는데, 이때 단군께서 친히 삼육대례三六大禮의 예법으로 삼신상제님께 경배를 드립니다.

정사 이 년　　예 관　청 행 삼 신 영 고 제
丁巳二年이라 禮官이 請行三神迎鼓祭하니

내 삼 월 십 육 일 야　　제 친 행 경 배
乃三月十六日也라. 帝親幸敬拜하실새

초 배 삼 고　　재 배 육 고　　삼 배 구 고　　예 야
初拜三叩하고 再拜六叩하고 三拜九叩가 禮也나

종 중　　특 위 십 고　　시 위 삼 육 대 례 야
從衆하사 特爲十叩하시니 是爲三六大禮也라.

재위 2년 정사(단기 1910, BCE 424)년에 예관禮官이 삼신영고제三神迎鼓祭를 올리기를 청하니 3월 16일(대영절大迎節)이었다. 임금께서 친히 납시어 경배하실 때, 초배에 세 번 조아리고, 재배에 여섯 번 조아리고, 삼배에 아홉 번 조아리는 것이 예禮이지만, 무리를 따라 특별히 열 번 조아리셨다. 이것이 삼육대례三六大禮이다. (『단군세기』)

46세 보을普乙단군

46세 보을단군 재위 19년 무술년 정월에 국읍의 군장인 기후箕詡가 번조선 궁에 진입하여 '내가 번조선 왕이요!' 하며 윤허를 청하자 '그래 한번 해 봐라' 하고 인정해줍니다. 이로부터 기씨가 번조선의 왕이 되는데요, 70세 기후를 시작으로 그 후손 여섯 사람이 왕이 됩니다. 기후 다음에 기욱, 기석, 기윤, 기비 그리고 마지막에 75세 기준箕準이 나옵니다.

46세 단군 보을 普乙
(재위 BCE 341~BCE 296)

기자 후손으로 볼 수 있는 이 여섯 왕 때문에 단군조선 전체를 '기자조선'이라 말합니다. 너무도 우습지 않습니까? 삼한, 즉 삼조선의 한쪽 나라인 번조선 말기에 기자 후손이라 하는 기씨 왕 여섯 대가 나왔다고, 단군조선을 통칭해서 기자조선이라 할 수 있냐 이 말입니다.

47세 단군 고열가高列加
(재위 BCE 295~BCE 238)

북부여의 시조
해모수解慕漱단군

47세 고열가古列加단군

마지막 47세 고열가단군입니다. 단군왕검의 사당을 백악산에 세우고 유사有司를 두어 계절마다 제사를 지냈습니다. 그런데 고열가단군이 서력 전 238년 계해년에 나라를 도저히 경영할 수가 없어 오가의 족장들에게 국권을 맡기고 '나는 이제 그만 물러나겠다' 하고서 산으로 들어가 버렸습니다.

이로부터 6년(단기 2096, BCE 238~단기 2102, BCE 232) 동안 오가五加가 국사를 공동으로 집행하는 공화정 시대가 열립니다. 그런데 바로 전 임술(壬戌, 단기 2095, BCE 239)년에 종실宗室인 해모수解慕漱가 웅심산熊心山에서 나라를 세워 북부여北扶餘라 했습니다. 그러나 옥새를 전수받는 데까지는 약 7년의 세월이 걸렸습니다. 그 뒤 서력 전 232년에 본격적으로 북부여의 실제 왕조 역사, 단군조선을 계승한 정통 역사 시대가 출범하게 된 것입니다.

익일   수 기 위 입 산   수 도 등 선   어 시   오 가
翌日에 遂棄位入山하사 修道登仙하시니 於是에 五加가

공 치 국 사 육 년   선 시   종 실 대 해 모 수
共治國事六年이러라. 先是에 宗室大解慕漱가

밀 여 수 유   약   습 거 고 도 백 악 산
密與須臾로 約하사 襲據故都白岳山하시고

칭 위 천 왕 랑   사 경 지 내   개 위 청 명
稱爲天王郞하시니 四境之內가 皆爲聽命이러라.

이튿날 임금께서 마침내 제위를 버리고 산으로 들어가 수도하여 선인仙人이 되셨다. 이에 오가五加가 6년(단기 2096, BCE 238~단기 2102, BCE 232) 동안 국사를 공동으로 집행하였다. 이에 앞서 종실宗室인 대해모수께서 은밀히 수유국須臾國과 약속을 하고, 옛 도읍지 백악산을 습격하여 점거한 뒤에 스스로 천왕랑天王郞이라 칭하셨다. 사방에서 사람들이 모두 해모수의 명을 따랐다. (『단군세기』)

고 구 려 지 선   출 자 해 모 수   해 모 수 지 모 향
高句麗之先이 出自解慕漱하시니 解慕漱之母鄕이

역 기 지 야   조 대 기   왈   해 모 수   종 천 이 강
亦其地也라 朝代記에 曰「解慕漱는 從天而降하사

상 거 우 웅 심 산   기 병 어 부 여 고 도
嘗居于熊心山이라가 起兵於夫餘古都하시고

위 중 소 추   수 입 국 칭 왕   시 위 부 여 시 조 야
爲衆所推하야 遂立國稱王하시니 是謂夫餘始祖也시니라.

고구려의 선조는 해모수로부터 나왔는데, 해모수의 고향이 또한 그 땅(고구려 : 地名)이다.

『조대기』에 이렇게 기록되어 있다. 해모수께서 하늘에서 내려와 일찍이 웅심산熊心山(검마산)에서 사셨다. 부여의 옛 도읍(백악산 아사달)에서 군사를 일으키고 무리의 추대를 받아 드디어 나라를 세워 왕이 되셨다. 이분이 부여의 시조이시다.

(『태백일사』「고구려국본기」)

단군해모수지초강　재어임술사월초팔일
檀君解慕漱之初降이 **在於壬戌四月初八日**하니

내 진 왕 정 팔 년 야
乃秦王政八年也라

해모수단군께서 처음 내려온 때는 임술(신시기천 3659, 단기 2095, 고열가단군 57, BCE 239)년 4월 8일로 진秦나라 왕 영정 嬴政 8년이다. (『태백일사』「고구려국본기」)

임 술 진 시 시　신 인 대 해 모 수　기 어 웅 심 산
壬戌秦始時에 **神人大解慕漱**가 **起於熊心山**하시니라

임술(단기 2095, BCE 239)년 진왕秦王 정政 때 신인 대해모수大解慕漱가 웅심산熊心山에서 일어났다. (『삼성기 상』)

임 술 오 십 칠 년　　사 월 팔 일　해 모 수　강 우 웅 심 산
壬戌五十七年이라 **四月八日**에 **解慕漱**가 **降于熊心山**하사

기 병　　기 선　고 리 국 인 야
起兵하시니 **其先**은 **稾離國人也**시니라.

재위 57년 임술(환기 6959, 신시개천 3659, 단기 2095, BCE 239)년 4월 8일에 해모수가 웅심산熊心山으로 내려와 군사를 일으켰다. 해모수의 선조는 고리국稾離國 사람이다. (『단군세기』)

단군조선의 문화업적

1) 만세홍범萬世洪範 사상 정비

단군조선의 문화업적을 간단하게 정리해 보겠습니다.

첫째는 **환국, 배달의 천지광명역사관, 인간관, 신관, 우주관을 정리한 홍익인간의 광명의 도, 우주광명의 심법을 만세홍범萬世 洪範 사상으로, 생활수칙 문화로 정비**해 주셨습니다.

만세홍범 사상은 인류 동서 고금의 법문화法文化의 시작입니

다. 간단히 정리해 보면, 조선 초 단군왕검님이 내려 주신 **8대 강령**이 있었고, 22세 색불루단군 때 **여덟 개의 법조항[禁八條]**이 있었으며, 44세 구물단군 때는 아홉 번 맹세를 하는 글이라는 뜻의 **구서지문九誓之文**이 있었습니다.

단군조선의 법 문화 (출처: 『환단고기』)

초대 단군왕검	8대 강령綱領	「단군세기」
22세 색불루단군	8조 금법禁法	「삼한관경본기」
44세 구물단군	구서지문九誓之文	「소도경전본훈」

2) 환국·배달을 계승한 역법의 완성

둘째는 **환국, 배달을 계승하여 역법曆法 캘린더**를 완성하였습니다. 지금은 달력을 365와 4분의 1일로 쓰고 있는데, 환웅천황 때 이미 「삼일신고」를 366자로 해서 가르침을 내려주셨듯이, 한민족 최초의 역법이 배달 시대에 나왔습니다. 그것이 바로 동방의 천자이신, **신시배달 14세 치우천황의 스승님인 자부선사紫府仙師가 완성한 칠회제신력七回祭神曆**입니다.

칠회제신력은 7일에 걸쳐 일곱 신에게 제사를 올린 배달의 풍습에서 비롯된 책력입니다. 천신天神, 월신月神, 수신水神, 화신火神, 목신木神, 금신金神, 토신土神의 일곱 신에게 천제를 올렸습니다. 환국과 배달에서 넘어간, 그래서 환국 배달의 영향을 받은 서양 문명과 기독교 문명의 근원인 이라크 남부의 수메르 문명에도 칠요七曜제도가 있었습니다. 지금 우리가 쓰고 있는 캘린더 시스템이 그것입니다.

그다음에 **배달 시대 자부선사의 후손 창기소蒼其蘇가 그것을 부연해서 오행치수법을 만들었습니다.** 단군왕검께서 부루 태자로 하여금 우虞나라 사공司空 우禹에게 전수하여 중국의 9년 대홍수 때 국가 붕괴의 위기를 건져준, 〈오행치수법〉과 『황제중경黃帝中經』 또한 우주의 역법 시스템입니다. 25세 솔나단군 시절, 중국의 상나라(은나라)가 망하고 주나라가 창건될 때, 기자箕子가 문왕의 아들 무왕에게 홍범구주를 전수했다고 합니다.

箕子乃言曰我聞호니 在昔鯀이 陻洪水하야
기 자 내 언 왈 아 문　　　재 석 곤　　인 홍 수

汩陳其五行한대 帝乃震怒하사 不畀洪範九疇하시니
골 진 기 오 행　　　제 내 진 노　　불 비 홍 범 구 주

彝倫倫攸니라. 鯀則殛死어늘 禹乃嗣興한대
이 륜 유 두　　　곤 즉 극 사　　우 내 사 흥

天乃錫禹洪範九疇하시니 彝倫攸敍니라. (『상서』 「주서」)
천 내 석 우 홍 범 구 주　　　이 륜 유 서

자부선사	창기소	단군왕검(부루태자)	
칠회제신력 ➡	오행치수법 ➡	오행치수법 황제중경 ➡	우禹 (9년 대홍수)

중국의 국가 붕괴 위기를 구해준 오행치수법은
우주 역법 시스템

주周나라를 다스린 국가 경영통치의 핵심 주제가 바로 〈홍범구주〉로, 나라를 경영하는 데 필요한 아홉 가지 주요 덕목을 말합니다. 홍범구주! 아주 유명한 말입니다. '동일한 성질을 가진 부류나 범위'라는 뜻으로 흔히 쓰고 있는 '범주'라는 말이 이 '홍범구주'에서 나온 것입니다.

기자箕子 　　　　주 무왕武王

'기자가 주 무왕에게
〈홍범구주〉를 전수함'
(『서경』「홍범」)

3) 문자체계 정립

셋째, 단군조에서 이룬 또 하나의 위대한 인류 문화사적 업적이 있습니다. 무엇일까요? 3세 가륵단군 때, **우주 이법으로 한글의 근원이 되는 가림토 38자를 만든 것**입니다.

『세종실록』에서 정인지의 '훈민정음 서문'을 보면 '자방고전字倣古篆'이라고 해서 '글자는 옛 전자를 모방했다'라고 했습니다.

가륵단군 때 만든 가림토 서른여덟 자와 조선 세종 때의 훈민정음 스물여덟 자를 한번 보세요. 훈민정음의 창제 원리는 『환단고기』의 우주 창세 이법을 상징하는 삼신오제 사상입니다. 『태백일사』의 첫째 편 「삼신오제본기」에 나오는 '삼신오제의 이치'를

우주 창세 이법을 상징하는 삼신오제의 이치, 삼신오행의 원리로 가림토 38자를 만듦	
가림토 38자 (3세 가륵단군 BCE2181)	·ㅣㅡ ㅏ ㅓ ᅌ ᅎ ᅔ ㅣㅡ ㅠ ㅈ ㅋ ㅇ ㄱ ㄴ ㅁ ㄴ ㅿ ㅈ ㅊ 슷 ᅀ ᅀ ᄉ ㅆ ㅑ ㄹ ㄴ ㅂ ㅌ ㅈ ㄱ ㅊ 슷 ㅣ ㅗ ㅍ ㅍ
훈민정음 28자 (1443년 창제)	ㄱ ㅋ ㅇ ㄷ ㅌ ㄴ ㅂ ㅍ ㅁ ㅈ ㅊ ㅅ ㅎ ㆆ ㅇ ㄹ ㅿ · ㅡ ㅣ ㅗ ㅏ ㅜ ㅓ ㅛ ㅑ ㅠ ㅕ

보통 우리가 '삼신 오행의 원리'로 이야기합니다. 우주의 조물주 삼신은 만물을 낳고, 기르고 깨닫게 하고, 다스리는, 조화造化, 교화敎化, 치화治化의 신입니다.

우리가 눈으로 볼 수 있고, 하나 될 수 있고, 교감할 수 있는 살아있는 조물주 삼신은 바로 하늘과 땅과 인간입니다. 그것이 「천부경」의 가르침이잖습니까!

그러니까 **한글은 우주 창조법칙, 인류 문화사 최초의 경전, 제1의 경전인 「천부경」의 우주 원리에 따라 만들어진 문자**입니다. 우리가 훈민정음을 보면, 아래아(·)는 하늘을 뜻합니다. 이것은 조화입니다. 이 대우주의 신성과 무궁한 생명과 시간과 공간을 점 하나로 딱 찍은 것입니다. 얼마나 멋있습니까!

그 다음에 'ㅣ'는 바로 사람이고, 수평선과 같은 'ㅡ'는 어머니 땅입니다. 하늘과 땅과 인간(·, ㅡ, ㅣ), 살아있는 우주의 조물주 삼신을 근거로 열한 개 모음을 만들었는데, 열한 개, 십일이라는 것도 굉장히 중요한 의미가 있습니다. 이것이 일태극一太極 십

字倣古篆
자 방 고 전
『세종실록』 세종 25년, 28년

무극無極 사상인데, 십일성도十一成道라고 해서 여기에는 천지인 삼재 원리가 응축되어 있습니다.

•	天	대우주의 신성, 무궁한 생명, 시간, 공간을 점 하나로 상징
ㅣ	人	서 있는 사람을 상징
ㅡ	地	어머니 땅을 상징

일태극·십무극 사상(十一成道)
천·지·인 삼재 원리가 응축

하늘과 땅과 인간, 살아 있는 우주 조물주 삼신을 근거로 11개 모음이 만들어짐

세계적인 석학들이 "한글은 가장 독창적이고 훌륭한 음성문자다."(영국의 제프리 샘슨Geoffrey Sampson 교수), "세계에서 가장 합리적인 문자는 한글이다."(미국의 제레드 다이어몬드Jared Diamond 교수)라고 했습니다. 또 "한국의 전통 철학과 과학 이론이 결합된 세계 최고의 문자다."라고 함부르크대학교와 한양대학교의 석좌교수인 베르너 삿세Werner Sasse 교수가 극찬을 했습니다.

중국 왕조 성립에 결정적 역할을 한 단군조선
이제 단군조선이 중국 왕조의 성립에 어떤 역할을 했는지 알아보겠습니다.

1) 요·순은 단군조선의 제후

요堯 임금
(BCE 2447?~BCE 2307)

시조 단군왕검이 38세 때 즉위하셨는데, 그보다 조금 전에 중국에서는 한족의 역사 시조 황제 헌원의 5세손 요堯임금이 나왔습니다. 요임금은 자기 할아버지 헌원이 동방의 천자 치우천황에게 대항하다가 아주 강력한 공격을 당하고 무릎을 꿇었다는 걸 잘 알고 있었습니다.

그래서 요임금은 동방족과 분리해서 독자적인 왕권을 세우겠다는 강력한 의지를 가지고 있었다고 할 수 있는데, 자기 이복형 지摯를 제거하고, 반대하는 자를 무수히 죽였습니다. 중국 천하가 아주 피로 물들었습니다.

그런데 요임금으로부터 왕통을 전수받은 순임금이 동쪽을 향해 간 이야기가 『서경』에 나옵니다. 그것이 유명한 **'동순망질東巡望秩 사근동후肆覲東后'**입니다. 그 원본을 보면, "동순수東巡守하사… 망질우산천望秩于山川하고 사근동후肆覲東后하니라."라고 쓰여 있습니다. '(순임금이) 동쪽으로 순행을 떠나 차례대로 산천에 제를 올리고, 동방의 천자를 알현했다'라는 뜻입니다. 저 동후東后의 후后 자를 흔히 제후 후侯 자로 번역합니다. 그래서 지금 나와 있는 일반 책들이 모두 '동후'를 '동방의 제후'로 잘못 번역해 놓았습니다.

우리가 '근친覲親 간다'는 말을 쓰는데, '근覲'은 하현상下見上, 즉 아랫사람이 윗사람을 찾아 뵙는다는 뜻입니다. 여기서는 볼 견 자가 아니라 뵈올 현見 자로 읽습니다. 그래서 '사근동후'란 서방의 제후 순임금이 동방의 천자 단군왕검을 알현했다는 말입니다.

사 근 동 후 **肆覲東后**	근覲 : 하현상下見上, **아랫사람이 윗사람을 뵙는다.** 후后 : **군주를 제후(侯)로 번역** 동후 : **동방의 제후로 잘못 번역**

사근동후肆覲東后의 본뜻

"서방 제후가 동방의 천자님을 알현했다."

순舜임금   단군왕검

| 단주의 원한 |

요임금의 큰아들이 단주입니다. 단주는 아버지 요임금과는 달리 '동서방족은 한 형제다. 뿌리가 같다. 한 문화권으로 살아야한다. 평화롭게 살아야 한다'는 동북아 대 평화주의 정치사상을가지고 있었습니다. 아버지와 뜻이 안 맞았습니다. 그래서 요임금이 '나는 네놈한테 천하를 넘길 수가 없다' 하고 순에게 왕통을 넘겼습니다. 그리하여 뜻을 이루지 못한 단주가 천고의 한을품고 어둠의 역사속으로 사라져 버리고 만 것입니다.

후에 '단주를 다시 왕으로 세워라! 단주야말로 동북아의 평화를 가져올 수 있는 왕자님이다' 하고 들고 일어난 민족이 있었습니다. 그들이 삼묘족三苗族인데, 『태백일사』「삼한관경본기」〈마한세가馬韓世家〉 첫 페이지를 딱 열면 **"묘족은 9천 년 전인류의 창세역사 시대 환국 구환족의 한 족속이다."**라는 놀라운 얘기가 나옵니다. 실제 그들의 문화를 보면 그 사실을 알 수있습니다.

삼신三神의 꽃을 상징하는 화관花冠

묘환　내구황지일야
苗桓이 乃九皇之一也라

재석　이위아환족　유목농경지소
在昔에 己爲我桓族의 遊牧農耕之所오

이급신시개천　이토위치
而及神市開天하야 以土爲治하니라.

묘환苗桓은 환국 시절 구황九皇족의 하나로 그 땅은 옛적에 이미 우리 환족이 유목과 농경을 하던 곳이다. 배달 신시가 개천되자 처음으로 토土의 중정中正의 덕으로 다스렸다.

(『태백일사』「삼한관경본기」마한세가 상)

지금 묘족이 사는 데를 가보면, 치우천황의 투구와 같은 것을, 신목神木을 상징하는 긴 장대 위에 걸고 환무環舞를 춥니다. 우주 광명의 거대하고 놀라운 예식을 지금도 행하고 있습니다. 그것은 환국의 풍속입니다. 그리고 묘족의 여인들을 보세요. '우리는 조물주 삼신, 삼신상제님을 모신 종통문화 민족'이라는 듯이, 전부 삼신의 꽃을 상징하는 문양을 머리에 달고 축원 기도를 합니다.

2) 동북아 9년 대홍수 사건

중국의 우임금이 하나라를 세우게 되는 결정적인 계기는 조금 전에 살펴본 9년 대홍수 사건입니다.

단군왕검 즉위 50년 되던 정사(丁巳, 단기 50, BCE 2284)년에, 동북아에 대홍수가 일어났습니다. 이듬해인 무오(戊午, 단기 51, BCE 2283)년에 **왕검께서 운사雲師 배달신倍達臣에게 명하여 강화도 마리산에 제천단인 참성단塹城壇을 쌓은 다음 천제를 올리셨습니다.** 정사년으로부터 17년 후 중국 본토에서도 장장 9년에 이르는 대홍수가 일어났습니다.

서양에서는 이보다도 더 오래된 노아의 홍수를 말하는데, 무려 밤낮 40일 동안이나 지속됐다고 합니다. 그때 인류가 전멸당하고 노아 부부와 세 아들인 함, 야베드, 셈 이렇게 노아 가족만 살았다고 말합니다. 그러나 그때 지구촌 인류가 다 없어진 게 아니고 당당히 살아 있었습니다. **노아 홍수 이전에도 인류는 살았고, 노아 홍수가 일어나던 그 순간에도 지구촌에는 인류가 살고 있었습니다.**

우禹의 아버지 곤鯀은 순임금의 신하로서 치수를 담당하는 책임자였는데, 치수에 실패하고 우산에 귀양가서 무참히 죽었습니다. 그리고 우가 아버지 뜻을 계승해서 치수 담당관이 되었는데, 우는 '삼과기문이불입三過其門而不入이라' 자기 집 앞을 세 번 지나면서도 집에 들어가 처자를 보지 않고 오직 치수에만 전념했다

고 합니다. 그러던 중에 동방의 본조本朝에서, **단군왕검이 큰아들 부루 태자를 전권대사로 보내 우에게 〈오행치수법五行治水法〉을 전수**하게 하십니다. 마침내 우는 산동성 낭야성琅琊城에서 동방의 구세주를 만나게 됩니다. 바로 그 지역을 가볼까요?

산동성 교남시에 낭야성이 있습니다. 가보면 너무도 잘 해놨습니다. 중국에서 보면 동쪽 바다인데요, 바다쪽으로 솟아있는 낭야산 위에 황해가 환히 내려다 보이는 누대가 있습니다. 이 누

낭야대琅琊臺(산동성 교남시)

대를 낭야대琅琊臺라고 합니다.

처음부터 이곳을 낭야성이라 한 것은 아닙니다. 단군왕검이 치우천황의 후손 치두남蚩頭男을 부단군으로 삼고 번한 왕으로 임명하여 우순의 정치를 감독하게 하셨습니다. 치두남에 이어 그 아들 낭야가 즉위하였습니다. 그가 가한성可汗城이라는 옛 성을 개축하였는데, 낭야가 쌓았다고 해서 낭야성이라 하게 된 것입니다. 이 호칭이 굳어져서, 지금도 중국에 가면 낭야대, 낭야성이라 부릅니다.

낭야성의 주인공이 누구인가? 이것을 밝혀주는 것은 『환단고기』「태백일사」가 유일합니다. 이 얼마나 멋진 이야기입니까!

3) 하나라의 멸망과 상(은)나라 건국

하나라가 멸망하고 다음 왕조 상商나라(은殷나라)가 들어섭니다. 상나라는 5,500년 전의 홍산문화, 옥문화를 그대로 가지고 **있는 동이東夷 계열**입니다. 우리 **단군 계열의 조상들이 직접 상나**

이윤伊尹

라, 은나라를 열었던 것입니다. 갑골문甲骨文도 우리 동방의 문화정신으로 만들어진 것입니다.

13세 흘달단군 때, 성탕成湯을 도와 상나라를 건국하게 한 재상이 있었는데, 그가 바로 중국 역사에서 최초의 요리사로 받들어지는 이윤伊尹입니다. 그 이윤이 누구로부터 가르침을 받고, 탕을 도와 중국의 상나라를 열었을까요?

유위자　이천생성인　영명양일호중국
有寫子, 以天生聖人, 英名洋益乎中國,
이윤수업어문　이위은탕지현상
伊尹受業於門, 而爲殷湯之賢相.

유위자는 하늘이 낳은 성인으로 명성이 수도에까지 흘러들었다.
이윤이 그 제자로 공부해서 은殷 탕 임금의 어진 재상이 되었다.

(공자 10세손 공빈孔斌 저, 『동이열전東夷列傳』)

이윤의 스승님이 유위자有爲子입니다. 유위자는, 환국-배달-조선의 우주광명 홍익인간관을 완성한 〈염표문〉의 제작자요 반포자인 11세 도해단군의 스승님이었습니다. 유위자는 "**도지대원道之大源은 출어삼신出於三神이다.**"라고 하여, **이 우주 창조의 이법, 도의 근원은 삼신에서 나온다**는 명언을 남긴 분입니다.

하나라 멸망과 은나라 건국에 관한 기록 비교

우선 중국의 기록을 보자. 전한前漢 때 유향劉向(BCE 77~8)이 저술한『설원說苑』「권모權謀」에는 은殷나라를 연 성탕成湯이 하夏나라의 폭군 걸桀을 정벌하려 하니 재상 이윤伊尹이 간한 내용이 나온다.

탕 욕 벌 걸　이 윤 왈　청 조 핍 공 직　이 관 기 동
湯欲伐傑. 伊尹曰:「請阻乏貢職, 以觀其動.」

걸 노　기 구 이 지 사 이 벌 지
桀怒, 起九夷之師以伐之.

이 윤 왈　미 가　피 상 유 능 기 구 이 지 사　시 죄 재 아 야
伊尹曰:「未可! 彼尚猶能起九夷之師, 是罪在我也.」

탕 내 사 죄 청 복　복 입 공 직
湯乃謝罪請服, 復入貢職.

탕왕湯王이 걸왕桀王을 정벌하려 하였다. 이윤伊尹이 말하기를, "공물 보내는 것을 중단하여 저들의 동정을 관찰하시기를 청합니다." 하였다. 이에 공물을 보내지 않으니 걸왕이 분노하여 구이九夷의 군사를 일으켜 쳐들어왔다. 이윤이 말하기를 "아직은 안 되겠습니다. 저들이 아직 능히 구이의 군사를 움직일 수 있습니다. 그 죄는 우리에게 있습니다."라고 말하니, 이에 탕왕이 사죄하고 복종하기를 청하였다. 공물을 다시 들여보냈다.

명 년　우 불 공 공 직　걸 노　기 구 이 지 사　구 이 지 사 불 기
明年, 又不供貢職. 桀怒, 起九夷之師, 九夷之師不起.

이 윤 왈　가 의　탕 내 흥 사 벌 이 잔 지　천 걸 남 소 씨 언
伊尹曰:「可矣!」湯乃興師伐而殘之, 遷桀南巢氏焉.

이듬해에 또 공물을 바치지 아니하니 걸왕이 대노하여 구이九夷의 군사를 일으키려 했으나, 구이의 군사가 일어나지 않았다. 이윤이 말하기를, "이제는 가능합니다."라고 하였다. 탕왕은 이에 군사를 일으켜 걸왕을 정벌하여 멸했다. 걸왕을 남소씨(지금의 안휘성 소현巢縣 동북)로 추방하였다.

이 내용은 하나라 멸망과 은나라 건국에 관한『단군세기』13세 흘달단군 16년 조의 기사 내용을 뒷받침한다. 동방족의 기록을 비교하며 보자.

시 세 동　　은 인　　벌 하　　　기 주 걸　　청 원
是歲冬에 **殷人**이 **伐夏**한대 **其主桀**이 **請援**이어늘
제 이 읍 차 말 량　　　솔 구 환 지 사
帝以邑借末良으로 **率九桓之師**하사
이 조 전 사　　　　탕　　견 사 사 죄　　내 명 인 환
以助戰事하신대 **湯**이 **遣使謝罪**어늘 **乃命引還**이러시니

이 해(BCE 1767, 갑오) 겨울, 은殷나라 사람이 하夏나라를 치자 하나라 왕 걸桀이 구원을 청하였다. 임금께서 읍차邑借 말량末良에게 구환의 병사를 이끌고 전투를 돕게 하셨다. 이에 탕湯이 사신을 보내사죄하므로 군사를 되돌리라 명하셨다.

걸　　위 지　　　견 병 차 로　　　욕 패 금 맹　　　수 여 은 인
桀이 **違之**하고 **遣兵遮路**하야 **欲敗禁盟**일새 **遂與殷人**으로
벌 걸　　밀 견 신 지 우 량　　솔 견 군　　　합 여 낙 랑
伐桀하시고 **密遣臣智于亮**하사 **率畎軍**하시고 **合與樂浪**하사
진 거 관 중 빈 기 지 지 이 거 지　　　설 관 제
進據關中邠岐之地而居之하시고 **設官制**하시니라.

이때 걸이 약속을 어기고 군사를 보내어 길을 막고 맹약을 깨뜨리려 하였다. 그리하여 임금께서 마침내 은나라 사람과 함께 걸을 치는 한편, 은밀히 신지臣智 우량于亮을 보내어 견군畎軍을 이끌고 낙랑樂浪 군사와 합세하여 관중의 빈邠·기岐 땅을 점령하여 주둔시키고 관제官制를 설치하셨다. (『단군세기』)

이상의『설원說苑』과『단군세기』의 기록을 비교해 볼 때 하·은 교체기에 성탕이 포악무도한 걸왕을 내쫓고 은 왕조를 세울 수 있었던 것은 두 나라 간의 패권 싸움에서 성패成敗의 관건을 쥐고 있던 구이九夷, 곧 단군조선의 강한 영향력 때문이라는 사실을 명백히 알 수 있다.

4) 중국 역사 문화를 주도한 동이족

이렇게 역대 중국의 역사 문화를 주도한 것은 배달 단군조의 동이족입니다. 황제헌원 다음에 **소호, 전욱, 제곡, 그 다음에 요임금, 순임금**, 그 후로 **하은주의 제왕**들이 다 동이족 출신입니다. 그뿐만 아니라 **유가의 공자**도 원래 동이족인 송宋 미자微子의 후손입니다. **맹자, 노자**도 마찬가지입니다. '**노자는 태호복희의 풍씨족 후손**'이라는 기록*이 유일하게 『환단고기』에 나옵니다.

---

* 癸未에 魯人孔丘가 適周하야 問禮於老子李耳하니 耳父의 姓은 韓이오 名은 乾이니 其先은 風人이라. (『환단고기』「태백일사」)

황제 헌원 　소호금천 　전욱고양

제곡고신 　당 요堯 　우 순舜

하 우禹 　상(은) 탕湯 　주 문왕 　주 무왕

동이족 출신의 중국 제왕

담자郯子. 공자에게 동이족의 관작제도를 전수한 스승 "위조사이조명爲鳥師而鳥名. 새로써 백관百官 사장師長의 이름을 붙였다."(『춘추좌씨전』)

담자郯子는 공자의 스승 가운데 한 사람입니다. 공자가 27세 때 담자를 찾아가는데, 그때 '동방에서는 새[鳥]로써 관작제도를 만든다'라고, 관제에 대해 직접 배웁니다. 대부분의 중국 학자들은 '**중국 역대 왕조의 제왕들, 성인들과 뛰어난 역사 인물들은 동이지인東夷之人이다**'라고 역사를 기록했습니다.

'동이東夷'가 무엇입니까? '동방의 큰 활 쏘는 사람'이라는 말입니다. '이夷'는 '큰 활'입니다. 또 '이'는 '뿌리, 근원'*입니다. **동방 문화 역사의 근원, 뿌리가 동이족**이라는 것입니다. 이것이 그들의 역사 뿌리에 대한 실제적인 고백입니다.

5) 서언왕의 일화로 본 단군조선의 위상

동이 역사에서 가장 놀라운 분이 바로 36국의 조공을 받은, 산동성 왼쪽 그 아래에 있던 서이西夷의 서언왕徐偃王입니다.

23세 아홀단군이 회대淮岱, 즉 회수와 태산 지역을 평정하고 영고씨盈古氏를 서(徐) 땅에 임명해서 서국徐國이라는 나라가 세워졌습니다.

조 자 삼 십 유 육 국
朝者三十有六國。 (『후한서』「동이열전」)

서언왕徐偃王(?~BCE 985): 36국의 조공을 받은 서국徐國 제32세 왕

---

* 東方曰夷, 夷者也. (『후한서』)

보통 우리가 동이구족東夷九族이라 하는데 환국 때 구환족九桓族이 있었고, 배달 시대에는 구황족九皇族, 단군조선 때는 동방 구이족九夷族이 있었습니다.

동이족이 아홉 갈래, 구이九夷가 있었습니다. 그 가운데 서이西夷의 **서언왕**은 아주 강력한 제왕으로, **천지 광명문화의 근본을 통한 왕**이었습니다. 이분이 단군의 허락을 받지 않고 단독으로 주나라를 공격하자, 주나라 목왕穆王이 천리마를 몰아 '**단군의**

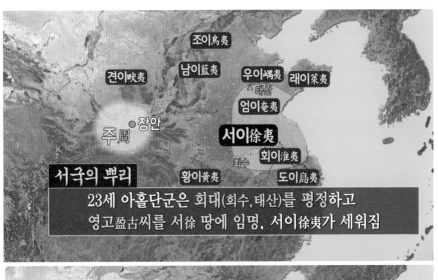

조이鳥夷
견이犬夷   남이藍夷   우이嵎夷   래이萊夷
△태산
주周   ●장안   엄이奄夷
서이徐夷
회수   회이淮夷
서국의 뿌리   황이黃夷   도이島夷
23세 아홀단군은 회대(회수, 태산)를 평정하고
영고盈古씨를 서徐 땅에 임명, 서이徐夷가 세워짐

조이鳥夷
견이犬夷   남이藍夷   우이嵎夷   래이萊夷
△태산
엄이奄夷
주周   ●장안   서이徐夷
회수   회이淮夷
서국 서언왕   황이黃夷   도이島夷
단군의 허락 없이 주나라를 직접 공격

주목왕

단군의 증표를 가져와 구이九夷의 제후들을
설득, 주나라 편을 들게 함

증표'를 가지고 와서 구이九夷의 제후들을 설득합니다. 그러자 제
후들이 그 증표를 보고 깜짝 놀라서 주나라 편을 들어버렸습니
다.

그때 목왕이 서언왕의 목을 단숨에 베어 버렸는데, 역사가들이
'목왕은 진정한 군자가 아니다'라는 평을 했다는 이야기가 지금
도 전해 오고 있습니다. **단군조의 천명을 받듦으로써만 역사의
종통권, 정당성을 가질 수 있었다**는 것을 중국 왕조의 개창사를
통해서, 또는 큰 사건의 결말을 통해서 알 수 있습니다.

단군조선의 망국과 북부여의 탄생

| 삼한관경제의 붕괴와 함께 역사의 막을 내린 단군조선 |

환국, 배달을 이은 단군조선을 계승한 나라가 북부여北扶餘입
니다. 단군조는 **삼한 전체 즉 삼조선이 한날 한시 동시에 망한
것이 아닙니다.**

『환단고기』를 보면 단군왕검이 나라를 연 이후 21세 소태단군

까지 제1왕조, 22세 색불루단군부터 43세 물리단군까지가 제2왕조, 44세 구물단군부터 마지막 47세 고열가단군까지가 제3왕조였음을 알 수 있습니다. 또 수도는 어디이고, 단군들은 누구누구이며, 그들의 업적은 무엇인지, 중국과 일본, 그리고 북쪽의 유목민족과 어떤 교류가 있었는지 다 나와 있습니다.

그리고 47세 고열가단군이 단군조선의 마지막 왕검이고, 서쪽날개 번조선은 75세 기준(준왕) 때 위만에게 망했다는 기록이 있습니다. 이 삼조선이 각기 문 닫은 시기가 다릅니다.

본조인 진조선에서는 고열가단군이 나라를 내놓았고, 그 44년 뒤 번조선 왕 기준이 위만에 의해 왕검성에서 쫓겨나면서 번조선이 멸망했습니다.

단군조선 말기 정세

BCE 296	46세 보을단군	내란 발발, 보위 찬탈
BCE 295	장군 고열가	반란 진압, 47세 단군 즉위
BCE 238	6년 공화정 실시	

낙랑군   낙랑국

북경

평양

낙랑국과 낙랑군을 구분 못하고
'평양 부근에 낙랑군이 있었다'고 **허위 주장!**

한편, 위만이 번조선으로 들어오던 해에, 번조선 지역 낙랑산
의 최승이라는 대부호가 재산을 다 털어서 평양 쪽에 와서 낙랑
국을 세웠습니다. 후일 낙랑 공주 이야기는 이 최씨낙랑국 때의
전설입니다.

낙랑국樂浪國과 낙랑군樂浪郡은 다르다!

번조선이 멸망할 때 대부호 최숭崔崇이
지금의 평양에 와서 낙랑국을 세움(BCE 195)

한민족 9천년사의 잃어버린 고리, 부여사

전체적으로 보면 46세 보을단군 때 내란이 발생해서 보위를
찬탈 당하고, 그 다음에 장군 고열가가 47세 단군 제위에 올랐
다가 물러나면서 6년 공화정을 거치게 됩니다. 그 과정에서 서
압록의 고리국 출신 **해모수**가 일어나서 단군 조선조를 계승하여
대부여의 북쪽 지역에 나라를 세웁니다. 그 위치가 북쪽이라 대
大 자를 북北 자로 바꾸어서 북부여라 하였습니다. **대부여가 북**

부여가 된 것입니다.

초대 단군왕검께는 네 아드님이 계셨는데, 막내아들의 이름이 '부여'였습니다. 왕검께서 막내아들 부여를 하얼빈 서남쪽에 **부여후**夫餘侯로 임명하시니, **부여 역사의 근원**이 바로 여기에 있습니다.

부여라는 말은, '밝다'는 뜻으로 광명을 상징합니다. 부여 역사 전체를 보면, **부여가 일곱 개** 정도 있습니다. 먼저 **대부여**가 있었고, 그다음 **북부여**가 일어났습니다. 그 후 한나라 무제가 쳐들어올 때 북부여의 4세 고우루高于婁단군이 동생 해부루解夫婁에

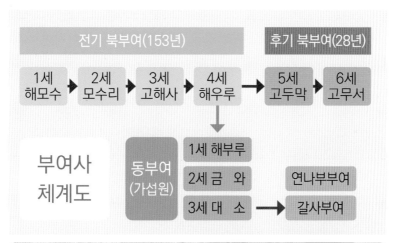

게 보위를 전했는데, 그 동생이 왕좌에 제대로 앉아보지도 못하고 고두막한高豆莫汗에게 쫓겨납니다. 해부루는 가섭원迦葉原이라는 땅에 이주해서 **가섭원부여**를 세웁니다. 이를 동쪽에 있다고 해서 **동부여**라고도 했습니다.

북부여 때, 한 무제는 동북아를 완전히 경략하여 아시아 최초의 대천자가 되려 했습니다. 그때 갑자기 동명왕東明王이라는 인물이 뛰쳐나옵니다. 지금은 그 동명왕을 고주몽으로 다 왜곡하고 있는데, 사실 동명왕은 고두막한의 별칭입니다. 동명왕 고두막한이 한 무제를 꺾어버리고 나중에 북부여 5세 단군이 됩니다.

동부여 해부루단군의 아들이 금와金蛙이고 손자가 대소帶素입니다. 3세 대소 왕이 고구려 장군 괴유한테 목이 떨어지면서 동부여가 멸망했습니다. 동부여 대소 왕의 동생(갈사)과 종제가 각각 부여를 세웠는데, 그것이 **갈사부여**와 **연나부부여**입니다.

동부여가 망하자 대소 왕의 종제가 유민과 함께 서쪽으로 가서 지금의 북경北京 위쪽 정주正州라는 곳에서 자리를 잡는데, 이 나라가 바로 연나부부여 또는 **서부여**입니다. 그 연나부부여의 마지막 왕인 7세 의라依羅와 그 아들 의려依慮에 대한 기록이 『환단고기』에 나옵니다. 의라왕이 일본에 갔다는 기록도 있고, 아들 의려가 백제를 거쳐 일본에 가서 응신왕應神王이 됐다는 기록도 있습니다.

　　『환단고기』에는 놀랍게도 이렇게 부여사의 총체적인 그림이 그려져 있습니다. 부여를 전체적으로 보면 **대부여**, **북부여**, **동부여(가섭원부여)**, **갈사부여**, **서부여(연나부부여)**가 있었습니다. 그리고 후대에 내려와 백제 26세 성왕聖王이 도읍을 공주에서 부여로 옮기면서 나라 이름을 **남부여**라 합니다. 그래서 북부여, 동부여, 서부여, 남부여가 다 있는 것입니다. 그리고 부여사에서 '부여의 중심'이라는 개념으로 '**중부여**'라는 용어도 쓰고 있습니다.

강화도 마리산 전경

제3부

천상의 문이
다시 열리다

참성단

동북아의 신교 삼신 제천문화

역사의 성지 참성단이 있는 이곳 강화도!

우주광명 문화의 푯대를 꽂은 시조 단군왕검이 직접 참성단塹
城壇을 만드시고 천제를 지내신 곳입니다. 우주의 하나님, 우리
애국가에 있는 그 하나님이 본래 삼신상제님입니다. 본론 세 번
째의 주제는 '천상의 문이 다시 열리다'입니다.

천원지방 구조의 참성단

강화도 마리산 참성단은 왜 중요한가? 이것이 인류 깨달음의
문화사에서 왜 그토록 중요한가?

참성단의 제단을 올라가서 보면, **천원지방**天圓地方 구조입니다.
천원지방이란 '**하늘은 둥글고, 어머니 땅은 방정하다, 반듯하다**'
는 뜻으로, **천지부모 사상**을 가르쳐 주고 있습니다.

'천원天圓'은 하늘 아버지의 마음, 그 생명의 본성과 신성神性을 말합니다. **하늘의 광명은 모든 것을 감싸 안는다, 원만하다는 것**입니다.

11세 도해단군께서 창제하신 〈염표문念標文〉은 "**하늘은 아득하고 고요함으로 광대하니 그 도는 두루 미치어 원만하고, 그 하는 일은 참됨으로 만물을 하나 되게 함이니라**(天以玄默爲大 其道也普圓 其事也眞一)"라는 구절로 시작합니다. 이것은 하늘 아버지의 마음, 하늘 아버지의 무궁한 생명의 신성을 정의하시는 말씀입니다. 세계 곳곳에는 **하늘 아버지의 마음을 상징하는 원 문양**을 새겨 놓은 암각화가 많이 있습니다. 우리는 인류의 창세 역사 시기의 사람들이 바위에다 새겨 놓은 원의 모습을 보면서 '그들은 이 원을 그리면서 어떤 생각을 했을까?' 하고 생각을 하게 됩니다.

문화의 상징성에서 또 중요한 것은 **사각형**입니다. 예를 들어 보면, 5천 년 전에 수메르 문명인들이 쌓은 거대한 피라미드의 원형이 있습니다. 흔히 알고 있는 지구라트인데요, 기단이 사각형으로 되어 있고 맨 위에 신전이 있습니다. 구조물 전부를 사각

세계 곳곳의 동심원 암각화

스위스

이탈리아

대한민국

형 벽돌로 쌓아 만들었습니다. 그들이 사각형을 선택한 이유는 무엇일까요? 제가 세계 석학들이 정리해 놓은 자료를 며칠 전에 쭉 더듬어보니, '사각형은 반듯하다, 안정돼 있다'는 것입니다. **사각형은 하늘의 도道를 본받아 만물을 길러 하나 되게 하는 어머니 땅의 생명의 신성, 본성을 상징합니다.**

천원지방에 담겨 있는 하늘땅 천지부모를 섬기는 문화는 환국, 배달의 천지 우주광명 문화의 제천의식과 관련이 있습니다. 곧 **천지를 나 자신과 모든 생명의 근원으로, 만물 생명의 큰 부모님으로 모시는 진정한 깨달음의 문화 역사 정신**입니다.

그리고 제천단의 양식을 아래는 둥글게 하고 그 위에 제단은 방정하게 한 것은, **아버지 생명성을 아래에 깔고, 어머니 생명의 근본정신을 제단으로 해서 위에 모신다**는 의미입니다. 이 정신을 담은 것이 주역의 열한 번째 괘인 **지천태地天泰 괘**라 할 수 있습니다. 즉 '**어머니의 생명성이 더 높이 받들어질**

지천태地天泰

피라미드의 원형 지구라트Ziggurat

때 영원한 생명의 경계, 우주의 평화가 열린다'는 것입니다. 바로 이것이 근대 역사의 출발점, 동학東學의 정신입니다.

천원(天圓) : 아버지 하늘의 생명성을 상징
지방(地方) : 어머니 땅의 생명성을 상징

'천원지방'은 인간 세상의 평화, 나아가서 온 우주만물이 조화 경계에서 사는 진정한 우주 평화의 정신을 상징합니다. 바로 후 천개벽의 영원한 평화 정신이 오직 이 지구, 동방 한반도의 강화도 마리산 제천단에 담겨 있습니다. 지천태의 모습으로 굳건히 하늘과 땅과 하나 될 것을 소망하는 국조 단군왕검님의 숨결이 오늘 이 순간 우리들에게도 느껴집니다.

하늘, 땅, 인간은 살아있는 삼신입니다! 무형인 삼신의 자기현 현self-manifestation입니다. '야, 내가 신이다' 하며 신이 나타난 것입니다. 서양 기독교는 그렇게 안 되어 있습니다. 조물주 하나님 야훼가 '빛이 있으라' 하매, '하늘이 있으라' 하매, '땅이 있으라' 하매, '인간이 있으라' 하매 생겨난 것입니다. 피조물입니다. 천지도 인간도 다 피조물이라는 말입니다.

동방에는 태고로부터 이러한 이원론적 사고를 한 사람이 없습니다. 어떠한 성자도, 어떠한 철인도, 어떠한 지혜로운 자도 '신의 피조물로서 하늘, 땅, 인간 만물이 태어났다'는 생각을 하지 않았다는 것입니다. 그러나 서양의 유목문화, 사막문화에서는 이원론적 사고를 할 수밖에 없는 생존 환경을 안고 살아갑니다.

환국·배달·조선, 고구려와 중국의 제천행사

① 환국-배달-단군조선의 제천 기록

환국 때부터 제천문화 풍속이 있었습니다. 『환단고기』 「환국본기」에는 '석석昔에 유환인有桓仁하시니', 옛날에 환인이 계셨는데 '주제천신主祭天神', 천신, 바로 하나님께 드리는 제사를 주관하셨다고 했습니다.

그 다음에 배달의 기록을 보면, **동방 땅에 오신 시조 커발환 환웅님이 3.7일을 택하셔서 '교인제천敎人祭天'*, 백성들에게 제천예식을 가르쳤다**고 했습니다. 또 **'전도佺道, 전의 도로써 계율을 닦고, 그 계율을 지켜서 우주광명 인간인 전인佺人이 되는 삶을 살기 위해서 제천의 예식을 가르쳤다'****고 했습니다.

단군조에 오면, 시조 **단군왕검**이 재위 원년에 **단목터에서 친히 천제**를 올리셨고***, 16세 위나단군 때는 구환족의 모든 왕을 영고탑에 모이게 하여 삼신상제님께 제를 올렸습니다.****

② 고구려 광개토대왕이 행한 참성단 제천행사

고구려 광개토대왕도 말을 타고 이곳 마리산에 오셔서, **참성단에 올라 친히 삼신상제님께 천제를 올렸다, 친제삼신親祭三神**하셨다는 기록이 「고구려국본기」에 나와 있습니다.*****

---

* 桓雄氏繼興하사... 擇三七日하사 祭天神하시니(『삼성기』 상)
** 神市氏는 以佺修戒하사 敎人祭天하시니...(『신시본기』)
*** 至開天一千五百六十年年上月三日하야 有神人王儉者가 ... 率徒八百하시고 御于檀木之墟하사... 奉祭于三神하시니 (『단군세기』)
**** 會九桓諸汗于寧古塔하사 祭三神上帝하시실새 (『단군세기』)
***** 巡騎至摩利山하사 登塹城壇하사 親祭三神하시실새 (『고구려국본기』)

③ 중국 제나라 팔신제

중국 산동성에 있는 태산泰山에 올라가서 보면, 산 정상에 삼신상제님을 모신 옥황전玉皇殿이 있습니다. 금으로 옷을 해 드리고, 아래 방석에도 황금색을 놓았습니다. 제가 예전에 거기서 무릎을 꿇고 한번 절을 한 적이 있습니다. 9천 년 역사 동안에 삼신상제님, 조화주 하나님을 모신 제천 풍속이 공자의 유교와 노자·장자의 도교에 지금도 전해 내려오고 있습니다.

중국은 우주의 신을 **천주天主, 지주地主, 병주兵主, 양주陽主, 음주陰主, 월주月主, 일주日主, 사시주四時主**의 여덟 범주로 나누었습니다. 이것을 팔신八神이라고 합니다. **팔신제八神祭**는 사마천의 『사기』에 그 내용이 나와 있는데, 이것은 본래 어디에서 나온 것인가 하면 바로 **옛 참성단의 제천풍속에서 유래**했습니다. 『태백일사』「신시본기」에 그 내용이 있는데, 깜짝 놀랄 만한 얘기입니다.*

* 齊俗에 有八神之祭하니... 亦卽祭天塹城之檀之餘俗也니라. (『신시본기』)

중국 산동성 태산 정상의 옥황전玉皇殿

태산 옥황정玉皇頂(중국 산동성)

第三　桓檀古記　七十

謂漢主劉徹曰陛下讓而弗發也掌三神之驩韋昭注

三神上帝三神之說早已傳播於彼境也明矣

震域留記曰齊俗有八神之祭八神者天主地主兵主陽

主陰主月主日主四時主也天好陰故祭之必於高山之

下小山之上乃祭天太白山之麓之遺法也地貴陽故祭

之必於澤中方丘亦即祭天塹城之壇之餘也天主祠

三神兵主祠崑九三神爲天地萬物之祖也崑九爲萬古

武神勇强之祖作大霧驅水又爲鳥世道則事

兩招萬神是以大始之宗喚風海岱之地

既爲奄藍陽介屬萊徐之說萌於

> 제나라 풍속에
> 팔신제가 있으니…
> 이는 참성단에서
> 제천하던 풍속이
> 전해진 것이다.
> (『태백일사』「신시본기」)

옥황전에 모신 옥황대제玉皇大帝

팔신제 신위

천주天主·지주地主·병주兵主·양주陽主
음주陰主·월주月主·일주日主·사시주四時主

팔신 가운데 첫째가 천주天主이고 둘째가 지주地主로, **천지부모에게 제사를 모셨다**는 것입니다. 동이족인 강태공이 중국에 신교의 신관인 신주神主를 널리 퍼뜨린 것입니다.

16세기에 이르러, 서양 가톨릭 예수회의 마테오리치Matteo Ricci(1552~1610) 신부님이 중국에 오셔서, '천주天主'라는 말을 사용하여 '천주님의 참뜻'이라는 『천주실의天主實義』를 썼습니다. 그 책 이름이 기원이 돼서 우리나라와 한자 문화권에서 가톨릭이 천주교가 된 것입니다.

마테오 리치(Matteo Ricci) **신부**
(1552~1610)

제천문화의 근본 주제 : 삼신상제님과 일체된 삶

단군왕검의 문화 업적에서 보면, 우리 **인간의 삶의 궁극 목적은 우주의 조화주 하나님이신 삼신상제님과 한마음이 되는 것**임을 잘 보여줍니다. 그러면 어떻게 내가 하나님과 한마음이 될 수가 있을까요?

불가에서는 '불성을 닦는다' 하고, 서교에서는 '하나님의 아들을 통해서 은혜를 받는다, 구원을 받는다'고 합니다.

행촌 이암의 『단군세기』는 '창세 역사 황금시절의 원형문화의 인간론, 신관, 역사관, 우주관이 융합되어 있는 경전이며, 우주의

통치자이신 삼신상제님의 심법과 통치원리와, 인간이 진아眞我, 곧 참 나를 회복하고 완성하는 궁극의 수행법, 도통 심법을 전수하는 핵심을 담고 있는 아주 소중한 경전'이라고 정의할 수가 있습니다.

단군조선의 제왕학, 신왕종전神王倧佺의 도道

단군의 '제왕학帝王學의 도道'를 전수한 신왕종전神王倧佺의 도가 있습니다.

기 해 원 년
己亥元年이라(BCE 2182)

가륵단군의 재위 원년은 기해년이다.

오 월   제 소 삼 랑 을 보 륵   문 신 왕 종 전 지 도
五月에 **帝召三郎乙普勒**하사 **問神王倧佺之道**하신대

5월에 임금께서 삼랑三郎 을보륵乙普勒을 불러 신과 왕과 종과 전의 도를 하문하셨다.

보 륵   교 무 가 우 수   행 삼 육 대 례   이 진 언 왈
普勒이 **交拇加右手**하야 **行三六大禮**하고 **而進言曰**

보륵이 엄지손가락을 깍지 끼고 바른손을 왼손 위에 포개어 삼육대례三六大禮를 행하고서 진언하니 이러하였다.

신 자   능 인 출 만 물   각 전 기 성
「**神者**는 **能引出萬物**하야 **各全其性**하니
신 지 소 묘 묘   민 개 의 시 야
神之所玅妙를 **民皆依恃也**며

신神은 천지조화의 기로부터 만물을 낳고 각기 타고난 성품[性]을 온전하게 하시니 신의 오묘한 조화를 백성이 모두 믿고 의지하는 것입니다.

왕 자　능 덕 의 이 세　　각 안 기 명
王者는 能德義理世하야 各安其命하나니

왕 지 소 선　　민 개 승 복 야
王之所宣을 民皆承服也며

왕은 덕과 의義로써 세상을 다스려 각자 타고난 목숨[命]을 안전하게 해주시니 왕이 베푸는 것을 백성이 복종하여 따르는 것입니다.

종 자　국 지 소 선 야　　전 자　민 지 소 거 야
倧者는 國之所選也오 佺者는 民之所擧也니

개 칠 일 위 회　　취 삼 신 집 맹
皆七日爲回하야 就三神執盟하며

삼 홀 위 전　　구 환 위 종
三忽爲佺하고 九桓爲倧하니

종은 나라에서 선발한 스승이요. 전은 백성이 천거한 스승이니
모두 이레(7일)를 한 회로 하여 삼신께 나아가 맹세합니다.
세 고을에서 뽑은 사람은 전佺이 되고 구환九桓에서 뽑은 사람은
종倧이 됩니다.

개 기 도 야　　욕 위 부 자　　사 부 의
蓋其道也가 慾爲父者는 斯父矣오

욕 위 군 자　　사 군 의　　욕 위 사 자　　사 사 의
欲爲君者는 斯君矣오 欲爲師者는 斯師矣오

위 자 위 신 위 도 자　　역 사 자 사 신　사 도 의
爲子 爲臣 爲徒者는 亦斯子 斯臣 斯徒矣라

그 도를 말하자면, 아비가 되고자 하는 사람은 아비다워야 하고
임금이 되고자 하는 사람은 임금다워야 하고
스승이 되고자 하는 사람은 스승다워야 하는 것입니다.
아들, 신하, 제자가 된 사람 역시 아들답고 신하답고 제자다워야
합니다.

고　　신 시 개 천 지 도　　역 이 신 시 교　　지 아 구 독
故로 神市開天之道는 亦以神施敎하야 知我求獨하며

공 아 존 물　　능 위 복 어 인 세 이 이
空我存物하야 能爲福於人世而已라

그러므로 환웅천황께서 펼치신 신시개천의 도는 신도(삼신의 도)로써 가르침을 베풀어, 나를 알아 자립을 구하며 나를 비워 만물을 잘 생존케 하여 능히 인간 세상을 복되게 할 따름입니다.

대천신이왕천하　홍도익중　무일인실성
代天神而王天下하야 **弘道益衆**하야 **無一人失性**하며

천상의 상제님을 대신하여 천하를 다스릴 때는 도를 널리 펴서 백성을 이롭게 하여 한 사람도 자신의 타고난 성품을 잃지 않게 하며

대만왕이주인간　거병해원　무일물해명
代萬王而主人間하야 **去病解怨**하야 **無一物害命**하야

만왕을 대신하여 인간을 다스릴 때는 병을 없애고 원한을 풀어주어 비록 미물이라도 함부로 생명을 해하지 못하게 하는 것이옵니다.

사국중지인　지개망즉진　이삼칠계일
使國中之人으로 **知改妄卽眞**하고 **而三七計日**하야
회전인집계
會全人執戒하니

백성으로 하여금 그릇된 마음을 고쳐 참되게 하고 3.7일(21일)을 기약하여 온전한 사람이 되는 계율을 굳게 지키게 하여야 하옵니다.

자시　조유종훈　야유전계
自是로 **朝有宗訓**하고 **野有佺戒**하야
우주정기　수종일역
宇宙精氣는 **粹鍾日域**하고

이로부터 조정에는 종훈宗訓이 서고 민간에는 전계佺戒가 바로 서게 되며 우주 정기가 삼한의 온 천하에 순수하게 모이고

삼광오정　응결뇌해　현묘자득　광명공제
三光五精은 **凝結腦海**하야 **玄玅自得**하고 **光明共濟**하니

삼광오정의 기운이 모든 사람의 머릿속에 응결하게 되어 현묘한 도[神敎]를 깨쳐 광명사상으로 세상을 함께 건지게 될 것이니

시 위 거 발 환 야
是爲居發桓也니이다」

이것이 바로 커발환의 정신입니다.

시 지 구 환　　구 환 지 민　함 솔 귀 일 우 화
施之九桓하시니 **九桓之民**이 **咸率歸一于化**하니라

임금께서 구환족에게 이 가르침을 베푸시니 구환의 백성이 모두
순종하고 삼신의 한마음으로 돌아가 교화되었다.

'신왕종전의 도'는 한마디로 **제왕학**帝王學의 법전입니다. '**왕도문
화의 핵심 정수를 보여주는 교과서**'라고 정의할 수가 있습니다.

　3세 가륵단군이 삼랑 을보륵에게 신왕종전의 도를 하문하였
습니다. 그러자 을보륵이 단군 앞에 와서 **삼육대례**三六大禮*를
하고 진언을 올렸습니다. '교무가우수交拇加右手', 엄지손가락을
깍지 낀 다음 오른손을 왼손 위에 얹고서 삼육대례를 올렸습니
다.

　그런데 이 예법이 배달에서 직접 서양으로 넘
어갔습니다. 아마 6천 년 전 전후에 넘어갔나 봅
니다. 프랑스 파리의 루브르 박물관에 가보면,
4,100년 전에 수메르의 도시국가 라가시의 군주
구데야가 '교무가우수'의 자세를 하고 있습니다.
손 모양이 똑 같습니다.

구데아Gudea. 4,100년
전, 수메르 도시국가 라
가시의 군주(프랑스 루브
르 박물관)

* 삼육대례. 삼신상제님과 동방 천자(단군)를 알현할 때 제후나 왕, 신하들이 올리
던 고유 절법

보 륵　교 무 가 우 수　　행 삼 육 대 례
普勒이 交拇加右手하야 行三六大禮하고

보륵이 엄지손가락을 깍지 끼고 오른손을 왼손 위에 포개어 삼
육대례를 행하고서 (『단군세기』 가륵 원년, BCE 2182)

그러니까 태고의 삼신상제님과 그 하나님의 아들인 동방 천자
를 뵈올 때는 제후나 주변의 왕과 신하들이 삼육대례라는 절을
했다는 것입니다.

신왕종전의 도 강해

신왕종전의 도를 정리해 보겠습니다.

"신자神者는 능인출만물能引出萬物하야", **신은 이 우주의 조화
바다에 있는 기氣로부터 만물을 인출, 뽑아낸다**는 것입니다. 저
는 이 표현이 너무 좋기도 하고 참 멋지다고 생각합니다. 이것
이 **동방 창세 뿌리문화의 우주관, 진정한 창조관의 핵심 이야기**
입니다.

신은 인출引出한다, 즉 뽑아낸다는 것입니다. 은행에서 예금 뽑
아내듯 말입니다. 이 우주 생명의 조화 바다, 즉 일기一氣, 한 기
의 바다에서 만물을 뽑아내는 것입니다. 그러니까 신과 우주의

神 ←→ 氣
일체관계

신은 기의 주체,
주재자로서
살아있다.

조화 바다인 기의 관계가 일체 속에 있습니다. 즉 신은 우주의 조화 바다인 기 속에, 기 밖에, 그런 기의 주체로서, 주재자로서 살아 있는 것입니다.

이것이 근대 역사의 출발점인 동학東學에서 '지기금지원위대강至氣今至願爲大降'으로 나타납니다. 그 지기至氣의 주인이 누구인가? 바로 인간으로 오시는 삼신상제님, 천주天主님입니다.

가톨릭, 기독교에서도 2천 년 동안 이것을 외쳤습니다. **'하늘에 계신 우리 아버지, 천주님이 동방 땅에 인간 역사 속에 들어오신다. 그래서 지기금지원위대강, 지기를 내려주신다**'는 것입니다. 이것이 동방 한민족 9천 년 역사 문화에서 전하는, 정말로 아주 놀라운 동방의 우주론이며 창조관입니다.

> 지기至氣의 주인이신 삼신상제님, 천주님
> 하늘에 계신 아버지, 천주天主님이 인간으로 오셔서
> 역사 속에서 지기至氣를 내려 주신다.

그리고 "각전기성各全其性하나니", 모든 인간의 몸속에 들어있는 신의 본래 마음, 신의 참마음, 그것을 성품, 본성이라고 하는데, 신의 역할은 이것을 온전하게 하는 데 있다는 것입니다.

각 전 기 성
各全其性하나니
각기 타고난 성품을 온전하게 하시니
(『단군세기』〈신왕종전의 도〉)

그다음에 "왕자王者는 능덕의이세能德義理世하야"라고 했습니다. 왕이란 덕과 정의로써 세상을 다스려 모든 백성들이 자기 목숨을 보존하게 하고 안녕하게 하는 역할을 한다.

그 다음에 종倧과 전佺의 도입니다. '나라에서 선발한 스승은 종이고, 민간에서 천거해서 올라온 스승은 전'이라 했습니다. 예전에 국가를 경영하는 데 동량이 되는 인재들을 종과 전의 도로써 가르쳤습니다. 그러니까 우주광명 문화, 신도神道의 우주관과 인간론과 신관과 역사관을 통하지 못하면 국가 경영의 인재가 될 수 없었던 것입니다. 이것이 화랑문화의 뿌리입니다. 이것을 오늘 다시 한 번 각성할 필요가 있습니다.

왕 자 능 덕 의 이 세
王者는 能德義理世하야 왕은 덕과 정의로써 세상을 다스려

종 자 국 지 소 선 야
倧者는 國之所選也오 종은 나라에서 선발한 스승이요

전 자 민 지 소 거 야
佺者는 民之所擧也니 전은 민간에서 백성이 천거한 스승이니

(『단군세기』〈신왕종전의 도〉)

단군조선의 인재관

우주 광명문화의 도, 신도神道의 우주관, 인간론, 신관, 역사관을 통해야만 국가를 경영하는 인재가 될 수 있다.

단군조선에 기원을 둔 북방 유목문화

지구촌 문명의 현장에 가보면, 단군조는 단순히 동방에 위치했던, 4천 년 전에 신화로 시작된 믿을 수 없는 그런 왕조가 아닙니다.

북방 유목문화의 원형은 모두 단군조선에 뿌리를 두고 있습니다. 이에 대해 현장에 가서 직접 취재한 것, 또 지구촌 박물관에서 본 놀라운 유물 중에서 동방 삼신문화의 우주관과 세계관을 담고 있는 것을 정리해 보겠습니다.

신교의 꽃을 피운 황금기 문화 시대를 연 나라가 바로 단군조선 왕조입니다. 3세 가륵단군 때, 욕살(지방 장관) 삭정을 약수 지역에 귀양보냈다가 나중에 용서하여 그 땅에 봉했는데, 그 사람이 **흉노의 시조**가 됐습니다.*

또 4세 오사구단군 때, 단군의 동생 오사달烏斯達을 몽고리한蒙

---

* 3세 가륵단군 때 강거康居가 반란을 일으켜 단군이 지백특에서 토벌하셨는데, 강거가 돌궐의 시조가 되었다.

진한

번한

마한

약수弱水

「단군세기」 가륵 6년(BCE2177)

가륵 단군이 욕살 삭정索靖을 약수에 유배 후 그 땅에 봉함
삭정이 흉노의 시조가 됨

古里汗, 즉 **몽골 초대 왕**으로 임명했다는 기록이 있습니다.

① 서양 고대 역사를 막 내린 흉노족(훈족)

서양문화의 대세를 보면, 로마로부터 중부 독일, 오스트리아, 불란서, 그리고 저 북쪽의 스칸디나비아까지 동방 흉노족(훈족)의 역사 체취, 문화 유적, 풍속, 국가 경영제도 이런 것이 곳곳에 배어 들어간 것을 볼 수 있습니다.

흉노는 지금부터 2,100년 전에 동흉노와 서흉노로 갈라졌는데, 동흉노가 다시 남북으로 갈라져 버렸습니다. 그리고 나서 2세기 중반에 북흉노가 카자흐스탄 초원으로 들어가 자취를 감췄다가, 4세기 때 갑자기 나타나 알란족과 고트족을 공격했습니다. 이때 훈족에게 밀린 고트족이 게르만족을 공격했는데 게르만족이 갈 데가 없어지자 로마로 몰려들었습니다. 그 충격과 영향이 결국은 서로마 제국을 붕괴시켰습니다. 그렇게 서양 고대 역사가 막을 내리게 되었습니다.

오사구 단군이 동생 오사달을 몽고리한으로 임명

아틸라(Attila 406~453)

여기에서 가장 결정적 역할을 한 이가 **공포의 대왕 아틸라**입니다. 당시 유럽인들이 아틸라를 여러 가지 상으로 그려 놓았는데, 사실 아틸라는 동방의 유목민입니다. 단군조에 뿌리를 둔 흉노족, 즉 훈족입니다. **훈이라는 말은 바로 우주광명의 나라 환국桓國, 이 '환桓'의 계열에 있는 음가音價**입니다. 훈은 광명을 상징하는 '환'과 같은 소리 계열인 것입니다.

② 단군조선에서 갈라져 나간 선비족

그다음에는 단군조선에서 갈려 나간 선비족입니다. **"선비와 오환은 동호東胡(단군조선의 별칭)의 후예**다."라는 말이 『후한서』에 실려 있습니다. 일반 학자들은 단군조선과 동호는 관계가 없다고 말하는데, 동호는 번조선, 즉 단군조선의 왼쪽에 있었습니다. 동호는 단군조선의 영역에 있던, 그 문화 영역에서 함께 살던, 우리와 같은 문화 동질성을 가진 문화 형제입니다.

선비족의 왕 단석괴檀石槐
(재위 137~181)

북흉노가 중앙아시아를 떠나자 선비족이 그 자리를 채웠는데, 2세기 중반에 단석괴檀石槐가 통합을 해서 한 시대를 군림했습니다. 중국의 당唐나라 태종의 아버지 고조高祖 이연李淵과 그 이전의 수隋나라 양견楊堅이 같은 선비족입니다. 그 어머니들은 100% 선비족입니다.

선비족 출신의 중국 제왕들

당 태종(子)

당 고조(父)

수 문제

선비와 오환은 동호東胡의 후예(『후한서』「오환선비열전」)

진조선

동호

번조선

막조선

동호東胡
국호 '조선'을 은폐하기 위해 중국에서 부른 별칭

③ 유럽을 지배한 돌궐족

수, 당의 기원이 선비족인데, **선비족의 분파인 돌궐이 11~17
세기에 유럽과 서아시아를 지배**했습니다. 이 돌궐족이 철광석 제
련 기술을 바탕으로 6세기에 돌궐제국을 세웠습니다. 동돌궐과
서돌궐로 나뉘었다가 다시 힘을 길러 11세기에 셀주크 투르크를
세웁니다. 돌궐을 그쪽 언어로 투르크라고 합니다.

메흐메트 2세
(1432~1481)
오스만 제국 제7대 술탄

13세기 후반에 유명한 오스만 황제가 토대를
잘 닦아놓아서 그 후손이 동로마 비잔틴 제국
을 멸망시킵니다. 그때 20세의 술탄 메흐메트 2
세가 쳐들어가 로마제국의 위용을 보여주는 콘
스탄티노플(현 터키의 수도인 이스탄불)의 **소피아 성
당**을 접수합니다. 거기를 가보면, **동방의 우주
론을 상징하는 만卍 자 문양**이 천장에 있습니다.
이 성당이 뒤에 이슬람의 성전聖殿으로 사용되다
가 지금은 박물관으로 쓰이고 있습니다.

대성당 내부

동방의 우주론을 상징하는 만권 자 문양

④ 대제국을 이룬 몽골

칭기즈칸
(1162~1227)

쿠빌라이칸
(1215~1294)

13, 14세기에 대제국을 이룬 몽골의 **칭기즈칸은 선비족에서 갈려 나간 실위족**室韋族 **출신**입니다. 대제국이 가장 완벽한 부흥기를 맞이한 5세 쿠빌라이 때 국호를 원元으로 바꿉니다. 이 몽골이 러시아, 인도까지 진출해서 여러 제국을 세웠습니다.

오고타이한국窩闊台汗國, 차카타이한국察合台汗國, 킵차크한국金帳汗國, 일한국一汗國 등 대한민국의 한사상을 알 수 있는 나라들이 많이 있었습니다. 여기서 '한국'이라는 말에 땀 한汗 자를 쓰지만, 원래 한이라는 것은 왕이라는 뜻입니다.

우리 대한민국의 **대한**大韓 **사상이 단군조 때의 삼한**三韓**에서 온 것**이지만, 그 근원은 9천 년 전

몽골제국 최대 강역(1279년경)

인류 최초의 나라 환국입니다. 그래서 '**한국은 환국이다. 한국은 환국으로 가야 된다**.'는 것입니다.

⑤ 단군조선의 삼신우주관을 계승한 요遼, 금金·청淸

거란족의 요나라, 그다음에 여진족의 금나라, 청나라도 단군조선의 삼신 우주관을 그대로 계승했습니다. 거란의 영웅 야율아보기耶律阿保機가 요나라를 건국했는데, 고조선, 발해(대진)의 제도를 본떠서 **삼신오제사상을 바탕으로 오경**五京이라 하여 수도를 다섯을 뒀습니다.

요태조 야율아보기
(재위 916~926)

12세기에는 아골타阿骨打가 금金나라를 건국했습니다. 후에 17세기에 이르러 아골타의 후손 누르하치努爾哈赤가 청淸나라의 기원인 후금後金을 세웁니다. 요녕성 심양에 청 황실의 기초를 다진 누르하치의 초기 궁전이 있습니다. 거기를 가보면, 삼신문화를 바탕으로 하여 정면에 누르하치의 보좌가 있는 **대정전**大政殿이 있고, 그 좌우에 **좌현왕**左賢王·**우현왕**右賢王의 전각이 있습니다. 그리고 마당 좌우에는 행정과 군사를 담당하는 각각 네 개씩 총 여덟 개의 전각이 있습니다. 일반적으로 **팔기제도**八旗制度, 또는 **팔기군**八旗軍이라 하는데, 그 기원이 팔괘사상에서 왔다고 말합니다.

금태조 완안아골타
(재위 1115~1123)

청태조 누르하치
(재위 1616~1626)

동방문화의 상징은 3·8입니다. 특히 **동방 신선문화 사상은 8로 나타냅니다.** 중국이 이 8수 문화를 그대로 가져가서 쓰고 있습니다. 지난 2008년 북경 올림픽 때, 8월 8일 저녁 8시에 '땡' 하면서 시작을 했습니다.

이것은 사실 아주 어려운 얘기인데요, 우주를 공간 좌표로 볼 때 정正 동서남북東西南北과, 그 사이에 사간방四間方을 둡니다. 그렇게 해서 8방위가 됩니다. **우주의 실제적인 물질 탄생과 우주만물의 운동법칙이라는 것은 8방위로 이루어집니다.** 해가 뜨고 지고, 우리가 어느 쪽으로 가고 오고 하는 이것이 전부 공간 좌표의 문제입니다.

누르하치의 궁전(중국 요녕성 심양)

우현왕 전각　대정전　좌현왕 전각

4　3　2　1　　5　6　7　8

여덟 채 전각
팔기군八旗軍 : 팔괘八卦 사상에서 유래

서양에 전해진 동방의 신교 삼신 문화

① 서양 유목 민족의 뿌리, 스키타이

서양 사람들은 서양 유목 민족의 뿌리인 스키타이를 굉장히 크게 쳐주고 있습니다. '**스키타이가 흉노의 선주민이다**'라는 말을 합니다. 사실 **스키타이도 동방 유목문화에서 가지 쳐서 나간 것**입니다.

헤로도토스의 저서 『역사Historiae』를 보면 이들의 관습과 생활상이 자세히 나와 있습니다.

스키타이는 지금부터 2,800년~2,300년 전에 흑해 동북쪽의 중앙아시아 초원에서 활약했습니다.

헤로도토스Herodotos
(BCE 484~BCE 425)

스키타이Scythian
2800년~2300년 전
중앙아시아 초원 지대에서 활약

오스트리아 할슈타트Hallsttatt

오스트리아의 중북부 오버외스터라이히 주의 최남단 할슈타트 호 남쪽에 약 천 명 정도가 사는 할슈타트라는 작은 마을이 있습니다. 할슈타트는 소금마을이라는 뜻으로, 세계 최초의 소금 광산으로 유명한 암염광산이 있습니다. 그 곳에서 오스트리아가 왕국을 부흥시키는 데 결정적 역할을 한 엄청난 소금이 나옵니다.

할슈타트 소금광산(오스트리아)

할슈타트 박물관 World Heritage Museum Hallstatt

　그 아름다운 마을에 7천 년 전의 역사 유물을 전시해 놓은 아주 예쁘장한 2층짜리 박물관이 있습니다. 박물관에 전시되어 있는 설명서에는 할슈타트를 중심으로 동쪽과 동남쪽은 스키타이문화이고, 서쪽은 켈트문화라고 설명하고 있습니다. 다시 말해서 동쪽의 스키타이문화와 서쪽의 켈트문화의 교차점에 할슈타트가 위치하고 있다는 것입니다.

할슈타트 박물관에는 그 중간 교차점의 문화 유형이 전시가 잘 되어 있습니다. 왕의 칼 끝에 용이 새겨져 있고, 흉노족이 말에 싣고 다니던 동복(솥단지)과 3수 문화로 된 많은 문양이 나옵니다.

할슈타트 박물관에 전시되어 있는 유물들

흉노족과 같은 모양의 청동 솥銅鍑

용이 장식된 왕의 칼

3수 문화를 보여주는 유물들

② 헝가리를 세운 마자르족(말갈족)

헝가리 사람들은 동방의 유목민, 야만인들이 들어와서 자기 나라를 세웠다고 부끄러워합니다. 그래서 자신들의 역사를 1, 2백 년 줄여서 천 년밖에 안 됐다고 말합니다.

유럽 지도를 보면 거의 중심부 바로 오른쪽에 헝가리가 있습니다. **헝가리는 3수 문화의 서양 중심지**라고 할 수 있습니다.

헝가리의 수도 부다페스트에 있는 국립박물관에 가보면 **하늘땅 천지와 인간을 상징하는 3수와 삼각형 문양**을 볼 수 있습니다.

3수 문화 유물들(헝가리 국립박물관)

헝가리 서양 3수 문화의 중심지

집일함삼執一含三 회삼귀일會三歸一
하나 속에 셋이 있고 셋은 언제나 일체의 경계에 있다.

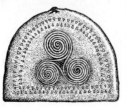

켈트족의 트리스켈리온triskelion
**터키 박물관에 있는
3수 관련 유물들**

여기 사진에 삼각형과 세 마리 오리도 보입니다. 여기서 우리는 3수 문화의 놀라운 비밀을 알게 됩니다. **삼각형 속에 있는 세 마리 오리, 이것은 천부경 문화**입니다. **하나 속에 셋이 있다는 집일함삼執一含三이요, 그 셋이 언제나 일체一體의 경계에 있다는 회삼귀일會三歸一**입니다.

3수를 나타내는 유물들은 너무도 많습니다. 오스트리아 서쪽으로 넘어가면 켈트문화권입니다. 다음 사진을 볼까요? 이 유물들은 3수 문화를 완전히 궁극의 예술미로 완성시킨 것입니다. 이런 **3수 문양, 세 마리 용, 트리스켈리온** 같은 유물들은 정말로 불가사의한 것입니다.

소머리 셋이 조각된 청동 원반과 **포도 세 송이가 조각된 제단**은 터키 이스탄불 고고학 박물관에 있습니다. 저것도 3수 문화인데 신장 위그르 자치구에 있는 키르키즈 족의 전통 악기 세 세트입니다.

키르키즈족의 삼각 장식과 전통 악기 세트
(신장 위구르족 자치구 박물관)

포도가 조각된 제단 (터키 이스탄불 고고학박물관)

헝가리의 수도 부다페스트에 헝가리 건국 1,000년을 기념하기 위해 조성한 영웅광장이 있습니다. 거대한 중앙 광장에 천사 가브리엘이 서 있는 높이 36m의 기념비와 그 아래에 헝가리 민족을 이끈 초기 부족장 7명의 기마상이 있습니다. 그리고 양쪽으로 초대 국왕을 비롯하여 헝가리 역사상 가장 위대한 영웅 14명의 동상을 세워놨는데, 동상 위 지붕의 벽면에 **만卍 자 문양과 아卐 자 문양**을 새겨놓았습니다.

부다페스트 영웅광장
헝가리를 건국한 마자르족 부족장 동상들이 있다.

영웅광장 벽에 새겨진 만卍자 아卐자 문양

헝가리는 처음 건국할 때부터 신성한 새를 숭배했습니다. 그 새를 **투룰**Turul이라 했는데, **동방의 삼족오**입니다. 제가 직접 현장을 답사하면서 들은 바로는 본래 한 십여 개의 거대한 투룰 동상을 세웠는데, 지금은 두세 개밖에 남지 않았다고 합니다. 헝가리 왕궁의 오른쪽에 저런 거대한 동상이 아직도 남아 있는 걸 볼 수 있습니다.

헝가리를 건국한 아르파드Arpad를 낳은 새 투룰Turul

헝가리 왕궁에 설치된 투룰탑

헝가리 전역에 세웠던 투룰탑(1903년)

서양에서는 국가나 유력한 집안을 상징하는 문장이 있는데, 그 문장에 대개 새가 들어있습니다. 신성로마제국의 국장에도, 가톨릭의 본산지의 문장에도 삼족오가 들어있습니다. 저 삼족오가 나중에 루마니아나 미국의 국장 등에서 보듯이, 독수리로 변형됩니다.

새를 상징으로 하는 나라별 국장

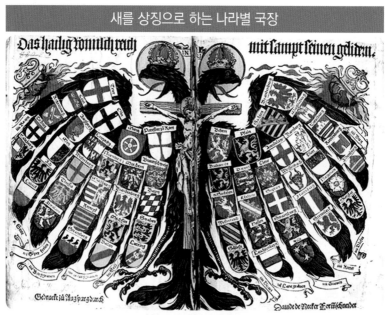

신성로마제국 국장國章

루마니아 국장

미국 국장

유럽 사람들이 말하길 "동방 유목 민족은 반半 악마다. 저 침략자들은 너무도 강한 종자다. 신이 보낸 심판자다!"라고 하는 등 별의별 악담을 합니다. 그래서 나온 유명한 전설이 '용을 잡아 죽이는 조지 6세 이야기'입니다. 그것을 그린 유명한 그림이 있습니다.

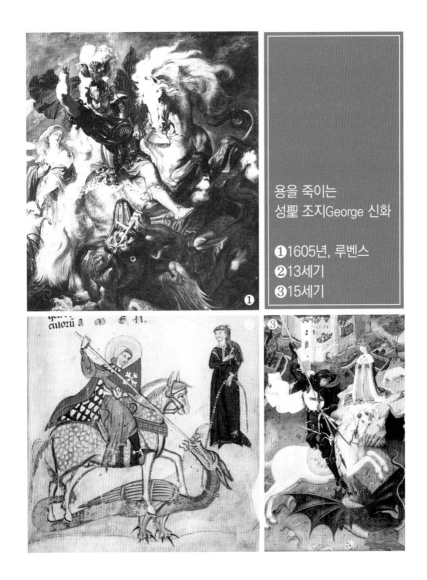

용을 죽이는
성聖 조지George 신화

❶1605년, 루벤스
❷13세기
❸15세기

동방의 신교문화에서 **하늘과 땅과 인간의 생명의 근원은 물과 불**입니다. **천지의 물을 다스리는 것은 용이고, 불을 다스리는 것은 봉황새**입니다. 이 **봉황이 태양새 삼족오**로도 나타납니다. 태양새 삼족오, 이것이 전 지구로 퍼져나간 것입니다. 마야 문명, 중남미 문명, 그리고 동남아시아의 태국, 라오스, 캄보디아, 베트남의 남방불교에도 이 신교 삼신의 우주관 문화가 들어있습니다.

힌두교 사원에 왜 용봉이 있고 도깨비가 있는가? 이런 문제를 알아야 합니다. 이 도깨비 문화의 실체를 깨달을 때, 동방 우주 광명 문화의 신관과 우주관이 그날부터 인식되기 시작하는 것입니다.

라오스 왓루앙사원의 용 장식

③ 바이킹의 뿌리는 북방 유목 민족

이 북방 유목문화가 실크로드를 통해 중동과 유럽을 거쳐서 서북쪽의 스칸디나비아에도 전해졌습니다. 유럽 대륙의 북서쪽 끝에 있는 핀란드, 스웨덴, 노르웨이, 네덜란드 등의 해양 국가들에까지 전해진 것입니다.

제가 한 30년 전에 노르웨이에 갔었는데, 거대한 장승이 서 있는 것을 보았습니다. 전혀 상상하지도 못한 **장승문화**가 노르웨이에 있었습니다. 그걸 보고 '야, 이거 참 기가 막히는구나!' 하고 놀랐습니다.

우리가 잘 아는 **바이킹의 시조**가 **아이바르스**Aybars인데, 이 사람이 **훈족 출신**이고 **몽골족의 혈통**이라 합니다. 데이비드 폭스라는 법의학박사가 **유전자를 분석해 봤더니 바이킹의 왕들, 귀족들이 동방 유목민이더라**는 것입니다. 이것이 유전자로 밝혀졌습니다.

이 아이바르스의 후예들이 폴란드에 들어가고, 노르웨이, 스칸

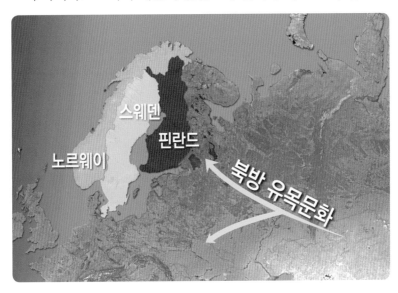

디나비아 그쪽 지역에도 흘러 들어갔습니다.

"바이킹의 선조는 중앙아시아에서 이주한 몽골인종이다.'

(데이비드 K. 폭스 박사, 논문 「바이킹의 유전자 연관성-고대 노르웨이와 중앙아시아」)

훈족을 통해 서양에 전파된 동방의 천자 문화

유럽의 왕조 역사를 들어가 보면, 오스트리아의 합스부르크 왕국이 유럽의 모든 왕가와 결혼 동맹을 맺어서 하나로 엉켜 있는 것을 알게 됩니다. 로마가 망하고 나서 '우리가 진정한 정통 로마제국의 후예다'라고 하면서 신성로마제국*인 독일에서 역사를 끌고 나가죠. 그 6백 년 왕조가 **오스트리아 합스부르크가**와 얽혀 있는데, 여기에 들어가서 보면 **용봉문화**가 그대로 있습니다.

이 사진은 오스트리아 무기박물관에 있는 유물인데요, 저게 용봉입니다. 저것은 이스탄불의 톱카프 궁전에 있는 봉황과 용으로 된 용봉 부채이고, 저건 헝가리 국립박물관에 있는 오스만 투르크의 술탄 황제의 칼입니다. 칼의 손잡이와 날 사이에 손을 보호하는 방패막이를 고동, 가드Guard라고 합니다. 술탄의 칼을 보세요, 가드에 황금 용을 섬세하게 조각해 놨습니다. 이게 바로 **동방 유목문화, 용봉문화가 들어간 흔적**입니다.

---

* 962년에 오토 1세가 황제로 대관한 때로부터 프란츠 2세가 제위帝位를 물러난 1806년 8월까지에 걸쳐 독일 국가 원수元首가 황제 칭호를 가졌던 시대의 독일제국의 정식 명칭. (두산백과)

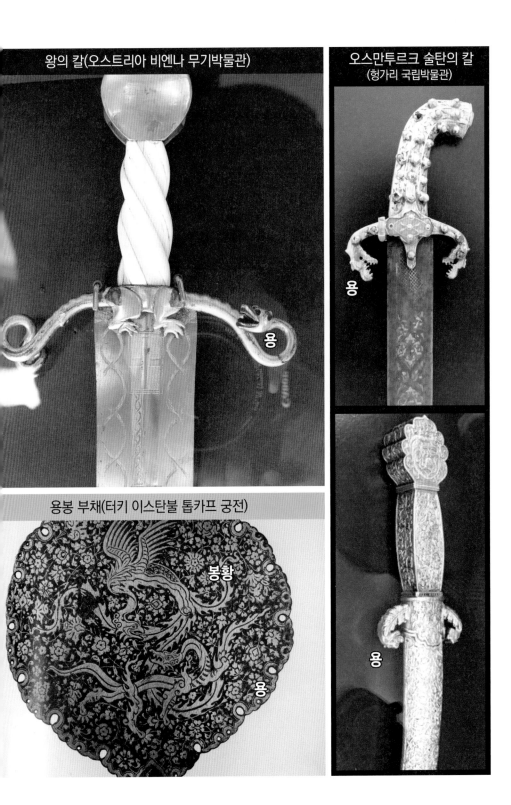

왕의 칼(오스트리아 비엔나 무기박물관)

오스만투르크 술탄의 칼
(헝가리 국립박물관)

용

용봉 부채(터키 이스탄불 톱카프 궁전)

봉황

용

용

저건 알프스 산맥 바로 아래에 있는, 오스트리아 여자 황제 마리아 테레지아가 머물렀던 인스부르크 궁전입니다. 왼쪽으로 왕궁교회(Hofkirche)가 있는데, 저기 가보면 유럽의 유명한 제왕들, 합스부르크가의 제왕들과 왕비들, 귀족들의 동상을 사람 크기보다 좀 더 크게 조성해놨습니다. 저기에 전부 용봉이 새겨져 있습니다.

갑옷에도 칼에도 용과 봉황이 가득히 조각되어 있습니다.

왕궁교회Hofkirche

용봉龍鳳으로 가득한 왕의 갑옷 (왕궁교회)

노트르담 대성당(프랑스 파리)

성당 정문을 장식한 용과 봉황

파리의 노트르담 성당에는 봉황, 용, 도깨비가 많이 보입니다. 노트르담 성당에 갔다 온 사람은 많지만, 저러한 문화를 제대로 보고 온 사람은 아마 없을 것입니다. 다 건성으로 보는 거지요.

릴라 수도원Rila Monastery(불가리아 남서부 릴라산)

이곳은 불가리아 남서부의 릴라산에 있는 동방 정교회의 유명한 **릴라 수도원**입니다. 10세기에 이반 릴스키Ivan Rilski라는 수도사가, 지금 수도원이 있는 저곳 차가운 땅에서 7년 동안 기도를 해서 성령의 계시를 받아 저 수도원을 열었다고 합니다.

이반 릴스키 Ivan Rilski
(876~946)

저기를 가보면 진짜 놀랍습니다. 그 앞에 있는 성전 벽을 보면, 참 호사스럽고 성스럽게 성물을 가득 조각해 놨습니다. 그런데 가만히 보니까 용이 보이고, 봉황이 보이는 겁니다. 용봉이 아주 꽉 차 있습니다.

수도원 내부의 화려한 조각 장식

그리고 밖에 나가서 보면 수도꼭지에도 금으로 된 봉황새가 장식되어 있습니다. 그런데 특이하게도 봉황이 여의주를 물고 있습니다. 여의주가 아주 정확하게 보입니다.

여의주를 입에 문 황금 봉황(릴라 수도원)

바티칸 베드로 대성당(이탈리아 로마)

동방 신교의 천지 우주론에서 용과 봉은 '하늘의 아들, 신의 아들'이라는 의미입니다. 바로 '**왕권의 신성함을 상징**'합니다. 이 문화가 전 지구촌에 다 들어갔습니다.

가톨릭의 심장부인 **바티칸 대성당의 꼭대기**에도 용봉 문양의 모자이크가 있습니다. 또 베드로의 시신이 묻혀 있는 **천개탑**天蓋塔 위에도 **용봉 문양과 만卍 자 문양**이 많이 있습니다. 그러니까 **서양 기독교에서, 자신들이 모시는 하나님의 아들이 신의 아들이라는 것**입니다.

지구촌 황금 시절에, 신성한 종통을 상징하는 문양이 바로 용과 봉인데, 이 사람들이 그걸 **다 알면서도 이 문화를 이중적으로 해석**했습니다. 용을 악마로 해석한 것입니다. 나중에 이 용이 또 변종이 됩니다. 영화라든지 여러 이야기를 보면 유럽의 용은 색

바티칸 베드로 대성당의 천장에 있는 용과 봉황

깔도 이상하게 바뀌고, 날개가 달리고 입에서 불을 뿜습니다. 이게 변질된 용입니다. 용의 정신도 왜곡하여 용을 하늘의 질서를 깨뜨리는 악마, 사신邪神의 상징으로 묘사합니다.

우주의 신성한 불의 생명을 다스리는 하늘의 태양새, 즉 불새는 나중에 비둘기로 그 문양이 바뀌게 됩니다. 서양에서 용봉문화가 이렇게 변질됩니다. 신약의 「요한계시록」을 보면, 용은 태고의 원죄를 가져다준 악마의 또 다른 모습으로 해석합니다.

용봉龍鳳 하나님의 아들이 신의 아들임을 나타내는 지구촌 황금 시절의 상징 문양

용에 대한 이중적 문화 해석

① 용은 신의 아들   ② 용은 악마

동방 신교문화를 그대로 가져간 북방 유목문화

오늘 전체적으로 유목문화의 대세를 간단히 살펴보았습니다. 그러면 유목문화의 결론은 무엇일까요?

환국-배달-조선의 동방 우주광명 신교문화의 우주론과 세계관을 그대로 가지고 나간 것이 바로 북방 유목문화입니다. 그 주류인 흉노족의 원 뿌리는 산융山戎, 즉 융족입니다. 중국에서는 역대로 동이東夷, 서융西戎, 남만南蠻, 북적北狄을 말해 왔습니다.

'동방에는 큰 활을 쏘는 오랑캐, 동이東夷가 있다'는 것은 공자의 춘추사관春秋史觀 이후로 그렇게 된 것인데, 여기에서 서쪽에도 오랑캐, 융족이 있다고 했습니다. 이 '융戎'이 세 가지가 있는데, 그 중에 '산융이 유목문화의 원 뿌리다, 흉노족의 근원이다'라고 정의하기도 합니다.

흉노족의 좌우현왕 제도와 천자 사상

삼신문화를 바탕으로 한 **단군조선의 삼한관경제도三韓管境制度**는 진한辰韓의 대천자大天子 단군왕검을 중심으로 해서 마한馬韓과 번한番韓에 각각 부단군[王]을 두어 나라를 통치한 것인데, 이 문화가 흉노족(훈족)에도 있었습니다.

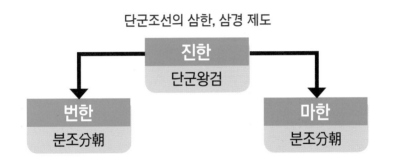

단군조선의 삼한, 삼경 제도

진한
단군왕검

번한
분조分朝

마한
분조分朝

신교의 삼신 우주광명 문화를 그대로 가지고 있던 흉노족은 나라 전체를 다스리는 **대천자 선우單于가 중앙에 있고, 왼쪽에 좌현왕, 오른쪽에 우현왕**을 두었습니다. 왕의 큰아들이 좌현왕이 되어 나중에 천자 선우를 계승하였습니다.

　　이 문화가 중국의 마지막 왕조인 청나라에까지 그대로 전해져 왔습니다. 흉노족이 왕을 탱리고도撑犁孤塗라고 했는데, 탱리는 '하늘'이고, 고도는 '아들'이라는 뜻입니다. 그리고 선우를, '**선우 천강單于天降, 선우는 하늘에서 내려왔다**'*고 하였습니다. 천자 사상을 그대로 가지고 있습니다. 다시 말해서 **환국, 배달, 단군조선의 천자 사상의 근본을 그대로 가지고 있는 것**입니다!

탱리撑犁 : 하늘

고도孤塗 : 아들

탱리고도는 천신의 아들(天子)

(『한서漢書』「흉노열전」)

* 내몽골 박물관에 있는 선우 조각물에 쓰여 있다.

단군조선의 삼신三神문화를 계승한
흉노의 좌·우현왕 제도

선우천강單于天降
선우는 하늘에서 내려왔다.

(중국 한漢나라 때의 한명문와당, 내몽골박물관)

모든 유목문화는 흉노족이 됐든, 선비족이 됐든, 돌궐족이 됐든 한 뿌리에서 나왔습니다. 투르크족의 후예가 세운 터키에는 '우리는 피로 맺은 형제다' 하면서 언약을 하는 국가 맹세 의식이 있습니다. 이러한 의식을 행하는 나라는 터키뿐 아니라 여러 나라가 있습니다. 국기도 보면 양식이 비슷합니다.

흉노족의 일월 숭배 풍습
선우는 게르(천막집)를 칠 때, 반드시 동쪽을 향해서 문을 배치합니다. 죽을 때는 하나님이 계신 별, 삼신상제님의 별인 북방의 북두칠성을 향해 머리를 둡니다.

흉노족의 풍습
게르(천막집)의 문을 남쪽으로 배치

흉노족은 일월을 숭배합니다. 중국의 역사서를 보면 놀라운 이야기가 있습니다. 아침에 해가 뜰 때면 선우가 진영陣營에 나가 '해님이시여~' 하면서 배례를 합니다. 또 저녁에 달이 떠오를 때는 달님에게 배례를 한다는 것입니다. 저 문화의 원형이 『환단고기』「환국본기」에 그대로 나와 있습니다.

단 우 어 조 출 영　배 일 지 시 생　석 배 월
單于於朝出營, 拜日之始生, 夕拜月.

"선우는 아침에 진영에서 나와 떠오르는 태양을 향해 절을 하고 저녁에는 달을 향해 절을 했다." (『흉노열전』)

조 칙 제 등 동 산　배 일 시 생　석 칙 제 추 서 천　배 월 시 생
朝則齊登東山 拜日始生, 夕則齊趨西川 拜月始生.

아침이 되면 모두 함께 동산東山에 올라 갓 떠오르는 해를 향해 절하고, 저녁에는 모두 함께 서천西川에 가서 갓 떠오르는 달을 향해 절하였다. (『태백일사』「환국본기」)

아주 놀라운 사실입니다. **일월 숭배는 구체적으로 천지의 물과 불을 다스리는 용봉 숭배**입니다. 그 **용봉은 천지의 아들, 신의 아들을 상징하는 신성한 문양**입니다. 또 용봉은 자연신을 상징하는데, 이것이 마야 문명, 인디언 문화, 그리고 아프리카에도 있습니다. 이러한 지구 문화의 보편성에 대해 우리가 다시 한번 생각해 봐야겠습니다.

용 조각상(제주도 아프리카 박물관)

일본 이세신궁의 신락제神樂祭. 동방 문화의 상징인 용봉龍鳳 깃대를 모시고 제를 행한다.

7세기 마야 파칼왕의 석관 덮개에 있는 봉황 문양과 용 문양

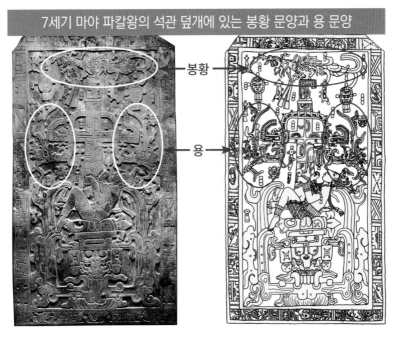

봉황

용

우주광명 역사를 복원하는 대한사람

인류 근대사의 첫 출발점, 동학의 '다시 개벽' 선언

지금부터 160년 전, 동방 조선의 위대한 한 구도자가 '**9천 년 인류사의 원형 역사 문화가 다시 부활한다!**'는 놀라운 선언을 합니다. 그것이 바로 동학의 '**다시 개벽**' 선언입니다.

> **"십이제국 괴질 운수 다시 개벽 아닐런가."**
>
> (『용담유사』「몽중노소 문답가」)

앞으로 지구촌의 생태계 파괴를 넘어서, 인류 문명사에 누적된 상극의 원한 기운이 총체적으로 터져 나와 인류의 생사존망이 갈리게 됩니다. 그 모순과 갈등과 전쟁의 검은 죽음의 기운들이 입체적으로 뭉쳐서 인류 문명사의 자기모순으로 한 번 폭발하는 계기가 오게 됩니다. 그것은 대자연의 개벽의 법칙으로 오는 것인데, 그것이 '**다시 개벽**'이고 '**십이제국 괴질 운수**'입니다. **이것을 극복하기 위해, 인류의 마지막 역사전쟁을 극복하기 위해, 한민족이 9천 년 동안 섬겨온 삼신상제님이 동방 땅에 오신다**는 것입니다. 4,300년 전, 단군왕검이 바로 이곳 마리산 참성단에서 서원했던 동방 한민족의 유구한 역사의 소망이 동학에서 다시 선언된 것입니다.

상제님의 강세 소식을 전한 최수운 대신사

1860년 음력 4월 5일, 최수운 대신사가 천상의 삼신상제님과 직접 문답한 내용이 『동경대전東經大全』에 있습니다. 한국사람이 『동경대전』도 모른다고 하면 진정한 한국인이라 할 수 있을까요? 「천부경」을 모르면 진짜 한국인이 아니듯이 동학의 핵심 선언을 알아야 우리가 진정한 한국인의 문턱을 넘어설 수 있습니다.

동학의 위대한 새 역사 선언, 그 구체적인 비밀은 최수운 대신사가 삼신상제님으로부터 받아 내린, **새 시대 출발을 알리는 천지 노래 시천주侍天主 주문**에 들어 있습니다.

시 천 주 조 화 정 영 세 불 망 만 사 지 지 기 금 지 원 위 대 강
侍天主 造化定 永世不忘萬事知 至氣今至願爲大降

'시천주 조화정 영세불망만사지' 열석 자는 본 주문이고, '지기금지원위대강' 여덟 자는 원원한 천지 조화성령의 기운을 직접 받아 내리는 강령 주문입니다.

구체적으로는 '**시천주조화정**', '**천주님을 모시고 조화를 정한다. 천지의 원 주인은 삼신상제님이다. 그 상제님이 본래 인류가 섬겨오던 천지의 주인, 아버지 천주님이다. 이제 아버지를 직접 모시는 아버지의 조화 문명 시대가 열린다**'는 뜻입니다.

인류의 마지막 역사전쟁을 극복하기 위해 우주정치의 주관자,
삼신상제님이 동방땅에 오신다.

그 진리 주제가 무엇입니까?

"**무극대도 닦아내니 오만 년 운수로다**." 이 선언은 소위 말세, 말법 운을 말하는 게 아니라, **인류가 문명의 새로운 전기점을 맞았다**는 것입니다. 불가로 말하면, **새로운 우주 진리, 새로운 깨달음과 새로운 수행법을 선언하는 천주님, 도솔천 천주님, 미륵님이 오신다**. 동서 모든 종교에서 언급했던 진리의 아버지, 생명의 근원, **천주님께서 바로 이 동방 땅에 오신다**는 것입니다. 이제 **종교 시대를 넘어, 과학문명 시대를 넘어, 이제 천지의 조화주 삼신상제님의 조화문명 시대가 옵니다**. 그 **조화문명의 새 진리**를 '**무극대도**無極大道'라고 합니다.

이것은 상당히 어려운 얘기인데요, **무극대도**라는 것은 **만물을 성숙하게 하고 천지와 인간이 진정으로 하나 되게 하는 가을우주의 진리**입니다. **가을 우주의 생명**을 무극이라 하는데, 그 **가을 우주의 생명을 주관하시는 삼신상제님, 아버지 하나님의 도법**이 바로 무극대도입니다. 이 도법이 마침내 나옵니다.

1894년 동학혁명과 그 후 600만 참 동학군

1945년에 해방이 되면서, 우리 역사를 말살하고 뿌리를 뽑았던 일본 제국이 물러갔습니다. 그런데 해방되기 수십 년 전부터 조선 사람 6백만 명이 '앞으로 조선 땅에는 미군이 일본을 내쫓아 버리고 해방군으로 들어온다'는 한미 동맹에 대한 역사관을 이미 가지고 있었습니다. 최근에 이런 놀라운 학술발표가 경주에서 있었습니다.

해방 다음해인 1946년에 **이승만** 박사가 전라북도 정읍에 가서 놀라운 역사 선언을 합니다. '남한만의 단독 정부를 수립하

자!'고 말입니다.

그러면 왜 이 박사가 이처럼 중대한 선언을 서울이 아닌 전라도 정읍에 가서 한 걸까요? 조선 말에 동학농민군 60만 명이 일본 제국의 총칼과 대포 앞에 처참하게 무너지고, 일제 강점기에 6백만 명의 참동학 일꾼들이 정읍 대흥리에서 **보천교**普天敎라는 이름으로 다시 일어섰습니다. 정읍의 6백만 구도자, 참동학꾼이 보내주는 독립자금으로 우리 대한의 독립운동이 이루어졌던 것입니다. 이승만 박사가 그걸 알고 있었기 때문에 정읍으로 달려갔던 것입니다. 임시정부 주석 **김구** 선생도 귀국 비행기에서 내리면서 한 기자회견에서 제일 먼저 **"우리가 정읍에 많은 신세[빛]를 졌다."**고 했습니다. **보천교에 은혜를 크게 입었다**는 것입니다.

1946. 6. 3. 이승만 초대 대통령의 정읍 발언
"이제 우리는 무기 휴회된 공위가 재개될 기색도 보이지 않으며 통일정부를 고대하나 여의케 되지 않으니 우리는 남방만이라도 임시정부 혹은 위원회 같은 것을 조직하여 38선 이북에서 소련이 철퇴하도록 세계 공론에 호소하여야 할 것이니 여러분도 결심하여야 할 것이다."

1945년 11월 23일. 김구 귀국 때 발언
"정읍 보천교에 많은 빛을 졌다."

보천교 본부(십일전)
6백만 참동학군이 일어난 정읍 대흥리

지구촌 대통일의 개벽 시간대

우리는 지금 우주의 일태극 조화의 물이 분열을 하는 봄여름 철 불의 계절을 지나고 있습니다. 이제 1, 3, 5, 7, 9의 문화에서 '일적십거一積十鉅' 즉 **10무극의 가을 우주, 지천태 세상으로 들어가려고 합니다.** 참성단의 제단이 상징하는 것처럼 **궁극의 음의 시대, 가을의 곤도坤道 시대의 새 역사를 맞이**하는 것입니다.

일 적 십 거
一積十鉅
우주는 봄, 여름 시대를 지나
가을 음陰의 곤도坤道 시대를 맞이한다.

'다시 개벽'의 정신을 살펴보면서, 오늘 제가 말씀드리고 싶은 것은 '**동방 고대 조선의 문화정신은 무엇인가?**', '**오늘 우리 한국인의 몸과 마음속에 흐르는 문화와 역사의 근본정신은 무엇인가?**' 하는 것입니다.

우리 조상들은 환국, 배달부터 일군 드넓은 대륙의 문화, 그리고 단군조선 이후 고구려가 망하고 나서 한반도로 들어와서 생긴 반도의 정신을 지니고 있었습니다. 그래서 **우리 한국 문화에는 농경문화와 유목문화, 그리고 해양문화가 융합되어 있습니다.**

앞으로 전개될 개벽문명의 실제적인 역사의 첫 출발점이라 할 수 있는 남북통일은 단순히 한민족 분단의 역사를 청산하고 해체하는 작은 통일이 아닙니다. 그것은 **지구촌 동서 문명을 크게 융합하는, 지구촌 대통일 문명의 시간대로 들어서는** 일입니다. 이것이 바로 우리 한민족 8,200만 한 사람 한 사람의 몸과 마음

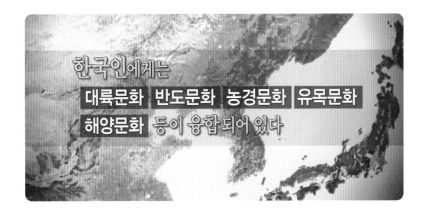

과 영혼 속에 흐르는 9천 년 역사 문화 정신의 본질인 것입니다.

한민족을 병들게 한 소한사관

지난 30여 년 동안 동서양의 역사 문화 현장을 답사하면서 **단군조선은 결코 신화가 아니라는 것을 절감**했습니다. 앞으로 기회가 있을 때마다 지구촌 현지에 가서 그것을 확인해 보세요. **단군조선을 신화로 알게 된 것은 일본과 중국의 역사 침략자들이 사서를 조작·왜곡하고, 그것을 변칙적으로 해석해서 우리에게 소한사관, 반도사관을 심어 놓았기 때문**입니다. 마치 '삼천리 화려강산'을 외치는 지금의 애국가처럼 말입니다. 그렇게 자꾸 부르고 외치고, 또 듣다 보니까 세뇌가 되어 한민족 본래의 역사 유전자가 병이 들어 버렸습니다.

천지부모와 하나 된 태일 인간

천지부모를 알아야 인간 부모를 알고 진정으로 역사 속에서 성공하는 참된 사람이 될 수 있습니다. 천지부모와 한마음 한뜻으로 사는 사람, 그 참된 사람을 환국, 배달부터 '태일太一 인간'

이라 했습니다. 천일天一, 지일地一, 태일太一, 천지와 크게 하나 된 심법으로, 한마음으로 사는 사람, 그것이 태일이고 대한大韓입니다. 9천 년 역사의 우주광명 문화와 역사 정신이 태일이라는 두 글자에 있습니다.

● 9천 년 우주광명 문화와 역사의 정신	태일太一
● 진정한 대한사람으로 다시 태어나는	다시 개벽
● 진정한 한민족의 역사정신	개벽

　서울에 있는 창덕궁에 가보면 태일 문화의 흔적이 남아 있는 것을 확인할 수 있습니다. 옛날 조상들은 태일을 알았는데, 우리는 이 역사의 비밀과 역사의 근본정신을 모르고 있습니다. 부모에게서나 학교로부터 문화사 측면에서 단 한 번도 교육을 받지 못했습니다.

　천지부모와 하나 되게 해주는 천지의 조화공부가 태을주太乙呪 공부입니다. 태일을 이루어주는 천지조화 공부, 시천주 조화정 공부법이 바로 참동학에서 완성이 됐습니다. 바로 **태을주 스물석 자 우주조화 주문**이 나온 것입니다. 앞으로 여기에 대해서 좀 더 큰 관심을 가지시기 바랍니다.

　마지막으로 오늘 이 자리가 진정한 대한 사람으로 태어나는 '다시 개벽!', 그리고 '진정한 시원 문화 역사를 되찾고 우주광명의 역사가 복원되는 개벽의 시간'이 되기를 축원합니다. 오늘 말씀을 모두 매듭지을까 합니다. 감사합니다.

太乙呪

吽_흠 吽_흠
哆_치 哆_치

太乙天_{태을천} 上元君_{상원군} 吽哩哆哪都来_{흠리치야도래} 吽哩喊哩娑娑訶_{흠리함리사파하}

태일을 이루는 시천주 조화정 공부는
참동학의 조화주문 태을주로 완성되었다.

누구나 쉽게 읽고 함께 감동한다
다양한 판형의『환단고기』10종 출간

인류의 시원사와 한민족 9천년사의
국통맥國統脈을 바로잡는
신교 문화의 정통 도가道家 역사서의 결정판!

1. 역주본『환단고기』: 원본 80,000원 | 축소판 58,000원
2. 현토본『환단고기』: 원본 20,000원 | 축소판 18,000원
3. 보급판『환단고기』: 18,000원
4.『쉽게 읽는 청소년 환단고기』: 원본 25,000원 | 축소판 15,000원
5.『온 가족이 함께 읽는 어린이 환단고기』: 원본 28,000원 | 축소판 18,000원
6. 포켓용『환단고기』: 15,000원

우리역사 문화찾기 시리즈

인류 창세역사와 한민족 9천년사의 국통맥國統脈을 바로 세우는 인류 원형문화의 원전原典

역주 완간본 환단고기

운초 계연수 편저 | 해학 이기 교열 | 한암당 이유립 현토 | 안경전 역주
180×265 | 양장 | 1424쪽 | 80,000원
(축소판 | 158×234 | 양장 | 1424쪽 | 58,000원)

일반 독자들이 『환단고기』를 쉽게 이해할 수 있도록 풀어서 쓴 역주본이다. 역주자가 근 30년 동안 동북아를 비롯하여 지구촌 역사 현장을 직접 답사하여 사실史實을 고증하고, 생생한 역사 현장 사진과 참고문헌, 사료 등을 수록하여 누구도 쉽게 읽을 수 있도록 하였다.

인류의 시원사와 한민족 9천년사의 국통맥國統脈을 바로잡는 신교 문화의 정통 도가道家 사서의 결정판!

현토본 환단고기

운초 계연수 편저 | 해학 이기 교열 | 한암당 이유립 현토
190×265 | 양장 | 328쪽 | 20,000원
(축소판 | 151×234 | 양장 | 328쪽 | 18,000원)

본서는 1979년에 필사하여 1983년에 간행한 〈배달의숙본〉『환단고기』를 저본으로 하였다. 원문을 쉽게 읽고 이해할 수 있도록 현토를 하였으며, 〈배달의숙본〉에 수록된 이유립의 현토懸吐를 기초로 삼았다. 원문의 이해를 높이기 위하여 한자의 음과 훈, 주요 용어 및 술어를 풀이하여 실었다.

보급판 환단고기

계연수 편저 | 이유립 현토 | 안경전 역주 | 신국판 | 무선 | 576쪽 | 18,000원

마침내 '환국→배달→(옛)조선→북부여→고구려'의 뿌리 역사가 밝혀졌다! 역주완간본 본문을 새로 편집하고 해제의 주요 내용을 간추려 누구나 쉽게 읽을 수 있게 구성했다. 500여 쪽의 원문·번역문, 160여쪽의 해제, 역사지도 및 유적지 사진, 색인 등을 수록했다.

온가족이 함께 읽는 어린이 환단고기

계연수 편저 | 안경전 역주 | 180×230 | 양장 | 664쪽 | 28,000원
(축소판 | 162×198 | 무선 | 18,000원)

그림과 사진으로 풀어낸 대한민국의 진짜 역사

역주완간본의 번역문을 어린이의 눈높이에
맞게 풀이하고 소제목을 달았다. 또한 재미
있는 삽화와 사진을 넣고, 측주와 참고자료
등도 최대한 쉽게 풀어 썼다.

쉽게 읽는 청소년 환단고기

계연수 편저 | 이유립 현토 | 안경전 역주 | 170×235 | 양장 | 552쪽 | 25,000원
(축소판 | 147×202 | 무선 | 15,000원)

글로벌리더를 꿈꾸는 청소년들의 필독서

청소년들이 읽기 쉽게 구성했다. 역주완간본의 번역문을 모두 담고, 역주완간본 해제
의 핵심 내용과 측주, 미주, 지도, 사진 등을 알기 쉽게 간추려 편집했다.

포켓용 환단고기

계연수 편저 | 이유립 현토 | 안경전 역주 | 100×148 | 양장 | 734쪽 | 15,000원

한 손에 쏙 들어오는 작은 크기로 휴대하기에 좋다. 원문을 암송
하기 좋게 한문 원문과 번역문을 위아래로 편집하고, 어려운 한자
도 풀이하였다.

삼성조이야기-한영대역 일러스트

상생출판 만화제작팀 | 180×280 | 무선 | 104쪽 | 10,000원

현 인류의 가장 오래된 나라 환국, 동북아에 세운 한민족의 첫 나
라 배달, 47분의 단군이 다스린 단군조선(옛조선)에 대한 이야기
이다. 생활 속에서 광명을 숭상하고 그 빛을 닮으려고 애쓰며 밝
은 마음으로 세상을 이롭게 하려던 옛 선조들의 삶을 일러스트와
함께 한영대역으로 기록하였다.

STB상생방송 특강 시리즈

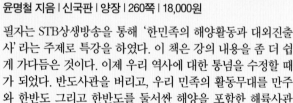

STB상생방송 특별기획 역사특강 ❶
한민족, 바다를 지배하다
윤명철 지음 | 신국판 | 양장 | 260쪽 | 18,000원

필자는 STB상생방송을 통해 '한민족의 해양활동과 대외진출사' 라는 주제로 특강을 하였다. 이 책은 강의 내용을 좀 더 쉽게 가다듬은 것이다. 이제 우리 역사에 대한 통념을 수정할 때가 되었다. 반도사관을 버리고, 우리 민족의 활동무대를 만주와 한반도 그리고 한반도를 둘러싼 해양을 포함한 해류사관으로 보자. 우리의 터는 동아지중해의 심장이다.

STB상생방송 특별기획 역사특강 ❷
환국, 신시, 고조선조직사
이강식 지음 | 신국판 | 양장 | 256쪽 | 20,000원

본서는 환국, 신시, 고조선의 고대조직의 이론, 사상, 철학과 실천을 현대 조직학의 관점에서 분석하여 조직의 기원과 원형을 밝히고 미래 조직학의 발전을 위한 시사점을 찾고자 하였다. 경영학자 이강식교수는 신시의 주곡, 주명, 주병, 주형, 주선악이 명사로서 관명 내지 조직명이라는 것을 변증하고 있다.

STB상생방송 특별기획 역사특강 ❸
한문화의 뿌리를 찾아서
제갈태일 지음 | 신국판 | 양장 | 235쪽 | 20,000원

『한문화의 뿌리를 찾아서』는 천지합일을 이상적인 삶의 철학으로 생각해 온 한민족의 원천적인 패러다임을 밝힌 책이다. 한의 고대적 원형을 살펴보고 그 연원인 단군정신을 정리했다. 우리고대사를 철저히 말살한 일본의 만행을 살피고, 우리 문화가 세계적 문화코드로서 후기 산업사회와 글로벌 기업들의 성공사례들을 비교한다.

STB상생방송 특별기획 역사특강 ❹
발해연안문명-한국 고대문화의 기원
이형구 지음 | 신국판 | 양장 | 344쪽 | 20,000원

발해연안문명은 발해를 중심으로 요동반도, 산동반도, 한반도를 품어 안은 발해연안에서 꽃피운 고대 동방의 중심문명이다. 저자는 우리나라 문화의 원류가 시베리아-몽골을 통한 전파가 아닌, 발해연안의 독자적인 문명에서 비롯됐다고 주장한다.

STB상생방송 특별기획 역사특강 ❺
일본 속의 백제
홍윤기 지음 | 신국판 | 양장 | 208쪽 | 20,000원

한민족의 숨결이 흐르는 일본. 반세기 동안 일본 속 한민족의 발자취를 직접 답사하고 그 실체를 생생하게 밝혔다. 우리 역사와 일본 역사를 바르게 인식하는 데 지침서가 될 것이다.

STB상생방송 특별기획 역사특강 ❻
다시 보는 우리민족
윤명철 지음 | 신국판 | 양장 | 263쪽 | 20,000원

저자는, 민족주의란 무엇인가, 우리 민족은 어떻게 생성되었는가, 한민족의 근원과 생성과정은 어떠했는가를 연구하고, 특히 한민족의 정체성에 대하여 비긍정적, 부정적 해석이 아닌, 기존의 문제점들을 인식하면서 한계를 극복하려는 과감한 시도를 하였다.

STB상생방송 한문화특강 ❶
하늘에 길을 묻다
박석재 지음 | 신국판 | 무선 | 185쪽 | 15,000원

블랙홀 박사 박석재 강의록 『하늘에 길을 묻다』. 이 책은 한국천문연구원 연구위원으로 있으면서 우리나라의 천손사상에 대해서도 함께 연구하고 있는 박석재 박사가 STB상생방송 《한문화 특강》에서 '해와 달과 별과 천손을 말하다'를 주제로 4회에 걸쳐 강의한 내용을 엮은 것이다.

STB상생방송 한문화특강 ❷
천부경
이찬구 지음 | 신국판 | 양장 | 263쪽 | 20,000원

천부경 81자의 역사는 천부 3인으로부터 시작되었다. 본서는 천지天地중심의 우주관이 아닌 천지인天地人 중심의 우주관으로 새롭게 해석한 '천부경' 해설서이다. 천부경은 하늘땅 사이에서 사람의 바른 자리와 바른 역할을 일러준다. 나아가 우리 민족의 올바른 진로와 인류의 방향까지 가르쳐주고 있다.